Violência doméstica e familiar
CONTRA A MULHER

INSTITUTO PATRÍCIA GALVÃO

Violência doméstica e familiar
CONTRA A MULHER

UM PROBLEMA DE TODA A SOCIEDADE

Paulinas

Dados Internacionais de Catalogação na Publicação (CIP)
(Câmara Brasileira do Livro, SP, Brasil)

Violência doméstica e familiar contra a mulher : um problema de toda a sociedade / Instituto Patrícia Galvão. -- São Paulo : Paulinas, 2019. -- (Coleção cidadania)

Vários autores.
ISBN 978-85-356-4543-9

1. Direito das mulheres 2. Homem-mulher - Relacionamento 3. Mulheres - Abuso - Leis e legislação - Brasil 4. Violência contra a mulher 5. Violência familiar 6. Vítimas de violência doméstica I. Instituto Patrícia Galvão. II. Série.

19-27666 CDD-362.8292

Índice para catálogo sistemático:
1. Violência doméstica e familiar contra a mulher : Problemas sociais 362.8292

Cibele Maria Dias - Bibliotecária - CRB-8/9427

1ª edição – 2019

Direção-geral: *Flávia Reginatto*
Editora responsável: *Andréia Schweitzer*
Copidesque: *Simone Rezende*
Coordenação de revisão: *Marina Mendonça*
Revisão: *Ana Cecilia Mari*
Gerente de produção: *Felício Calegaro Neto*
Projeto gráfico: *Tiago Filu*
Ilustrações: *Helena Cortez*

Nenhuma parte desta obra poderá ser reproduzida ou transmitida por qualquer forma e/ou quaisquer meios (eletrônico ou mecânico, incluindo fotocópia e gravação) ou arquivada em qualquer sistema ou banco de dados sem permissão escrita da Editora. Direitos reservados.

Paulinas
Rua Dona Inácia Uchoa, 62
04110-020 – São Paulo – SP (Brasil)
Tel.: (11) 2125-3500
http://www.paulinas.com.br – editora@paulinas.com.br
Telemarketing e SAC: 0800-7010081
© Pia Sociedade Filhas de São Paulo – São Paulo, 2019

Sumário

Apresentação
    Maria da Penha Maia Fernandes 7

Por que precisamos falar sobre a violência contra a mulher?
    Marisa Sanematsu 13

O papel da Igreja Católica no enfrentamento da violência doméstica e familiar contra a mulher: educar, proteger e denunciar
    Pe. Cleiton Viana da Silva 25

Lei Maria da Penha: um basta à tolerância e banalização da violência contra a mulher
    Silvia Chakian 49

Mitos e verdades sobre a violência doméstica e sexual contra a mulher no Brasil
    Marisa Chaves de Souza 67

Cilada: não era amor, era abuso!
    Flávia Dias 79

Perguntas e respostas sobre violência doméstica e familiar
    Luanna Tomaz de Souza e Níluya Cidade de Souza 89

Se ficar o bicho pega; se correr o bicho come: quando e como sair de uma relação violenta
    Denice Santiago Santos do Rosário 101

Uma carta de homem pra homem: você, assim como eu, é parte do problema
    Guilherme Nascimento Valadares 115

Trabalho com homens autores de violência contra as mulheres: responsabilização e prevenção
    Sérgio Flávio Barbosa 129

Como (se) reconhecer uma vítima de violência doméstica e o que fazer
    Rosana Leite Antunes de Barros 139

Como ajudar alguém que é vítima de violência doméstica?
    Helena Bertho 153

Casa da Mulher Brasileira: integração e agilidade para enfrentar o ciclo de violência
    Carla Charbel Stephanini e Tai Loschi 163

Quando, como e onde buscar ajuda e encontrar acolhimento
    Laina Crisóstomo 175

Esposa e mãe: duas versões de mulher a gerar encantamento e exigir respeito
    Pe. Zezinho, scj 189

Biografias 199

Apresentação

Maria da Penha Maia Fernandes[*]

Quando fui convidada por Paulinas Editora e pelo Instituto Patrícia Galvão para escrever a apresentação desta coletânea, recordei quando há mais de vinte e cinco anos tomei a decisão de contar sobre as tentativas de feminicídio que sofri e os caminhos que tive que percorrer em busca de justiça. Em 1994 resolvi escrever sobre a minha história, logo após o primeiro julgamento do meu ex-marido, quando ele foi condenado, mas saiu do tribunal em liberdade em razão dos vários recursos dos advogados de defesa. Naquele momento senti-me órfã do Estado e decidi falar sobre o meu caso, minha dor e minha indignação no livro *Sobrevivi... posso contar* (Fortaleza: Armazém da Cultura, 2010).

Minha esperança era que, se a justiça não havia sido capaz de condenar meu agressor, as leitoras e leitores iriam certamente fazer isso após lerem a minha história e conhecerem os

---

[*] Farmacêutica bioquímica, foi vítima em 1983 de uma dupla tentativa de feminicídio cometida por seu então marido, com quem tinha três filhas. Durante quase vinte anos, Maria da Penha buscou justiça, tornando-se um símbolo do direito de toda mulher a uma vida sem violência e dando nome à Lei n. 11.340, sancionada em 2006, que cria mecanismos para prevenir e punir a violência doméstica e familiar contra a mulher.

autos do processo. Foi assim que o livro chegou ao conhecimento de duas organizações não governamentais internacionais, o CEJIL (Centro pela Justiça e Direito Internacional) e o CLADEM (Comitê Latino-Americano e do Caribe de Defesa dos Direitos da Mulher), que me ajudaram a denunciar o Estado brasileiro à Comissão Interamericana de Direitos Humanos da OEA (Organização dos Estados Americanos).

Em 2001 o Brasil foi responsabilizado internacionalmente pela omissão e negligência com que tratava não só o meu caso, mas todos os casos de violência doméstica contra a mulher, e teve que atender uma série de recomendações para mudar esse cenário de impunidade. Dessa forma, foi criado um contexto favorável à aprovação da Lei Maria da Penha, a Lei n. 11.340, sancionada em agosto de 2006.

A Lei Maria da Penha é uma ação afirmativa – isto é, uma medida especial adotada com o objetivo de eliminar desigualdades e garantir a igualdade de oportunidades e tratamento – que teve que ser criada para que fosse enfrentada uma condição histórica de violência, discriminação e opressão das mulheres. Costumo dizer que a Lei que leva o meu nome veio para resgatar a dignidade da mulher brasileira. Tenho viajado muito por todo o Brasil e posso dizer que, nos locais onde a lei está sendo verdadeiramente implementada, as mudanças são significativas, as denúncias aumentam e as reincidências diminuem. Quando dizemos que o número de denúncias cresceu, não significa que a violência contra a mulher também cresceu, mas sim que as mulheres passaram a se sentir um pouco mais seguras e respaldadas, a acreditar mais na efetividade das políticas públicas de enfrentamento à violência de gênero e, por isso, têm mais coragem para denunciar.

Hoje, as brasileiras já conhecem mais sobre a violência doméstica, as formas que ela pode assumir e o que a Lei Maria da Penha pode fazer pelas vítimas. Por isso esta coletânea de artigos é tão importante. É preciso divulgar cada vez mais o conteúdo da Lei Maria da Penha, bem como os trabalhos que vêm sendo realizados pelas áreas de segurança, justiça e assistência psicossocial e também pelo ativismo social e religioso. É preciso que as mulheres tenham informações, conheçam seus direitos e saibam como acessá-los.

Se você, uma amiga, parente ou qualquer outra mulher que você conhece está enfrentando uma situação de violência doméstica, este livro poderá ser muito útil. Os artigos foram escritos por especialistas de diversas áreas que, a partir de sua experiência, buscam informar e orientar sobre como reconhecer um caso de violência doméstica e o que fazer, contando com a ajuda de pessoas próximas e o apoio de organizações não governamentais e órgãos públicos.

No artigo que abre esta coletânea, a jornalista Marisa Sanematsu, do Instituto Patrícia Galvão, mostra com dados e argumentos irrefutáveis "Por que precisamos falar sobre violência contra a mulher". Os números alarmantes atestam não só a urgência de enfrentar essa violência, como também sua complexidade, como afeta vítimas diretas e indiretas e quais são os grupos mais vulneráveis a essa violência, o que torna ainda mais desafiador sensibilizar e envolver toda a sociedade nesse enfrentamento.

A atualidade e a relevância do tema para a Igreja Católica – desde o Concílio Vaticano II até os recentes pronunciamentos do Papa Francisco – ficam evidentes no artigo do Padre Cleiton Viana, que defende que a missão da Igreja no enfrentamento da violência doméstica e familiar contra a mulher deve estar apoiada em um eixo triplo: educar, proteger e denunciar. Trata-se de um chamado a toda a comunidade católica para que se una na missão de conscientizar sobre o problema e acolher as mulheres.

Com vários anos de atuação como promotora de justiça especializada em violência doméstica e familiar, Silvia Chakian dá uma aula sobre a Lei Maria da Penha em seu artigo, explicando quais são as diferentes formas de violência e a importância de se ter leis específicas para proteger a mulher da violência doméstica e do feminicídio.

A partir de sua experiência como coordenadora do Centro de Referência para Mulheres, Suely Souza de Almeida da UFRJ, a assistente social Marisa Chaves desfaz alguns mitos recorrentes sobre a violência doméstica e sexual contra a mulher, frutos de muita desinformação e preconceito, e mostra quais são as verdades por trás deles.

Em "Cilada: não era amor, era abuso!", a jornalista Flávia Dias da rede *Não me Kahlo* aponta alguns sinais que ajudam a identificar a violência nas relações afetivas, os mecanismos que geram culpa na vítima e o ciclo que pode se repetir e se agravar gradativamente se não for enfrentado.

Procurando responder algumas dúvidas frequentes entre as mulheres atendidas pela Clínica de Atenção à Violência da UFPA, Luanna Tomaz de Souza e Nílvya Cidade de Souza explicam quais são seus direitos, as primeiras providências para sair de uma relação violenta e as medidas judiciais que podem ser tomadas.

Ao falar sobre as dificuldades que as mulheres encontram quando decidem romper com a situação de violência, a major Denice Santiago, coordenadora da Ronda Maria da Penha da Bahia, destaca a importância de construir um plano de apoio, proteção ou fuga e como funcionam as medidas protetivas que garantem, por exemplo, o afastamento do agressor, mas necessitam de monitoramento contínuo para que sejam efetivamente cumpridas.

Em seu artigo, aliás, sua carta, Guilherme Valadares, coordenador do grupo *Papo de Homem*, busca estabelecer um diálogo direto e franco com o homem que, como diz ele, "assim como eu, é parte do problema". E qual é o problema? A violência praticada pelos homens contra as mulheres no cotidiano, que se apresenta de variadas formas, de modo sutil ou nem tanto, e como eles podem perceber esses comportamentos, mudar de atitude e, quem sabe, ir além, promovendo mudanças em seu entorno, ao também estabelecer esse diálogo com outros homens.

Coordenador de grupos de reflexão para homens autores de violência doméstica, o professor Sergio Barbosa explica como é o trabalho com homens que foram obrigados pela justiça a frequentar esses grupos: o que dizem assim que chegam, como resistem e expressam revolta, as questões que estimulam a reflexão, os debate e as mudanças de percepção e de comportamento que são possíveis para os homens.

Já a defensora pública Rosana Leite Antunes de Barros, do estado de Mato Grosso, alerta para os impactos visíveis e invisíveis que a violência doméstica produz no corpo e na alma da vítima e destaca a importância da busca por informações e ajuda para encontrar caminhos para uma mudança.

Em "Como ajudar alguém que é vítima de violência doméstica", a jornalista Helena Bertho, do grupo *AzMina*, conversou com especialistas das áreas da psicologia e da justiça para responder algumas perguntas complexas, que não têm respostas fáceis, como: "Devo procurar a polícia?"; "E se a mulher não quiser denunciar?"; "Como entender se ela sofre risco real?".

No artigo de Carla Charbel Stephanini e Tai Loschi, as gestoras apresentam a experiência da primeira Casa da Mulher Brasileira do país, inaugurada em 2015 em Campo Grande/MS, e que se tornou um exemplo de integração de serviços e atendimento 24 horas para ajudar a mulher a romper o ciclo de violência. A Casa oferece em um mesmo local os serviços de segurança, justiça e atendimento psicossocial, além de oportunidades de capacitação para que ela aumente sua autoestima e adquira autonomia financeira.

A advogada Laina Crisóstomo, fundadora e integrante da rede de voluntárias *TamoJuntas*, explica quais são os direitos da mulher que sofre violência, os canais de informações e denúncia e quais são os recursos disponíveis para acolher e oferecer a assistência de que a mulher precisa.

Esta coletânea se encerra com as reflexões do Padre Zezinho, scj, que exalta os papéis de esposa e mãe e alerta que a relação entre homem e mulher no casamento não pode ser vista como uma disputa, mas sim como uma parceria que deve ser benéfica a ambos. No artigo, o Padre recomenda que "imitemos Jesus no seu trato com as mulheres. Poucos profetas trataram as mulheres como Jesus as tratou: com respeito".

Sabemos que somente por meio da informação, da educação e do acolhimento poderemos um dia alcançar mudanças culturais que tornem possível uma sociedade menos machista e mais igualitária, para que um dia não seja mais necessário termos leis específicas para proteger a mulher e que todos sejam igualmente protegidos em seu direito a uma vida sem violência.

Por que precisamos falar sobre a violência contra a mulher?

Marisa Sanematsu[*]

Na história da humanidade, a violência sempre esteve presente como uma expressão da desigualdade de poder entre as pessoas. Quando uma impõe sua vontade sobre a outra, porque se considera em condição de superioridade, está cometendo uma violência. Quando agride porque foi contrariada, está praticando uma violência.

As ações violentas – sejam verbais ou físicas – são estratégias ensinadas, apoiadas e perpetuadas por uma cultura de dominação que privilegia o mais forte em detrimento do mais fraco e na qual as relações desiguais produzem violações de direitos fundamentais, como o direito de toda mulher a uma vida sem violência, reconhecido pela ONU e pelo Estado brasileiro há mais de vinte e cinco anos, quando aderiu à Convenção Interamericana para Prevenir, Punir e Erradicar a Violência contra a Mulher (Convenção de Belém do Pará, 1994).

---

[*] Jornalista, é associada fundadora e diretora de conteúdo do Instituto Patrícia Galvão.

Foi somente no fim do século passado que a violência doméstica contra as mulheres começou a deixar de ser vista como um assunto privado, a ser tratado entre quatro paredes, e passou a ser encarada como uma questão pública, que atinge gravemente as vítimas e exige a atenção dos serviços de saúde, segurança, justiça e assistência psicossocial e também de toda a sociedade. Contudo, ao mesmo tempo em que houve um aumento da visibilidade do problema e de ações de intervenção, ocorreu também uma banalização, uma espécie de "naturalização" da violência de gênero, em especial no que se refere às relações afetivas.

A violência está aumentando ou as mulheres estão denunciando mais?

A Organização Mundial da Saúde (OMS) estima que uma em cada três mulheres no mundo já sofreu violência física e/ou sexual cometida por um homem, em geral o parceiro. Segundo pesquisa realizada pelo Datafolha e o Fórum Brasileiro de Segurança Pública (FBSP), a cada minuto nove mulheres foram vítimas de agressão física em 2018 no País.

Embora as estatísticas sobre a violência de gênero estejam apresentando um crescimento preocupante nos últimos anos, pode-se atribuir esse aumento não apenas a um maior número de ocorrências, mas também à evolução do nível geral de informação sobre o problema – a Lei Maria da Penha (Lei n. 11.340), por exemplo, é conhecida pela quase totalidade da população – e sobre os serviços especializados hoje disponíveis, como os canais de denúncia (Ligue 180, 190 e Disque 100) e as delegacias da mulher, estas últimas infelizmente ainda concentradas nas capitais e grandes cidades e insuficientes para dar conta da demanda real das mulheres brasileiras.

A pesquisa Datafolha/FBSP mostra também que 76% das mulheres que declararam ter sofrido violência apontaram que o agressor era alguém conhecido. Em 24% dos relatos, foi o marido, companheiro ou namorado; em 15%, o ex; em 7,2%, o pai ou a mãe; e em 4,9% dos casos, o agressor foi o irmão ou a irmã.

Outro número dessa pesquisa confirma ainda que a casa é o local mais inseguro para as mulheres: 42% sofreram agressão dentro da própria residência.

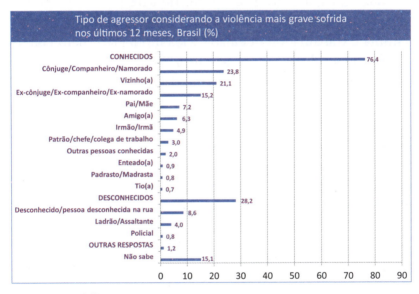

Fonte: Datafolha/FBSP, 2019.

Um problema que atinge as mulheres, as crianças e o PIB do país

Qualquer mulher pode ser vítima de violência doméstica, não importa a classe social, nível de escolaridade, raça e etnia ou identidade sexual. Essa violência pode atingir mulheres de todas as idades, especialmente na chamada "fase reprodutiva" – segundo a OMS, o período que vai dos 10 aos 49 anos –, mas também atinge as meninas e as idosas. E há segmentos no país que, por questões socioeconômicas e culturais, são mais vulneráveis à violência, como os das mulheres negras, indígenas, lésbicas e transexuais. Já as mulheres que vivem em zonas rurais, em razão do isolamento físico em que frequentemente se encontram, têm ainda maior dificuldade de acesso a informações e serviços e até de que ouçam seus gritos por socorro.

Mas será que existe um perfil de agressor e de vítima? O agressor, em geral, é o chamado "cidadão de bem", pai de família e trabalhador, que não é violento na rua, nem com o chefe ou os colegas no serviço, mas "apenas" dentro de casa, onde é capaz de agredir de forma cotidiana a mulher, os filhos, a sogra, a mãe ou a irmã.

É preciso lembrar ainda que, não apenas no caso de relações entre mulheres lésbicas, as agressões cometidas por uma mulher contra outra mulher no contexto de uma relação doméstica e familiar podem ser enquadradas na Lei Maria da Penha. Para isso, basta que fique comprovada a situação de vulnerabilidade da vítima diante da agressora. Assim, uma mulher que agride a filha, mãe, irmã ou a sogra, por exemplo, ou a babá, a diarista ou qualquer trabalhadora que preste serviços cotidianos em sua casa, pode responder pelo crime de violência doméstica previsto na lei.

A violência doméstica não poupa nem as mulheres grávidas e, quando ocorre nesse período, afeta não apenas a gestante, mas também o feto, que pode ter sua gestação interrompida ou apresentar menor crescimento e nascer prematuro.

As crianças que presenciam a violência dentro de casa também são vítimas: *indiretas*, quando são testemunhas;

diretas, quando sofrem também a violência praticada pelo agressor contra a mãe, avó ou a irmã mais velha. O impacto da violência sobre as crianças foi constatado por uma pesquisa realizada pela OMS em São Paulo e na Zona da Mata em Pernambuco, que revelou que os filhos de 5 a 12 anos de mulheres atendidas nos serviços de violência tinham maior tendência de apresentar problemas como: ter pesadelos, chupar o dedo, urinar na cama e ser tímido ou agressivo. Na cidade de São Paulo, as crianças nessa faixa etária também registraram maior índice de repetência escolar; na Zona da Mata, maior taxa de abandono dos estudos.

Alguns estudos sugerem que a experiência da violência doméstica durante a infância pode atuar como um fator de "transmissão" da violência doméstica entre as gerações. Assim, pessoas que tiveram contato com a violência doméstica quando crianças podem apresentar maior tendência de se envolverem em relações violentas, tanto na posição de vítima como de agressor.

A violência doméstica produz impactos não só sobre a mulher que é vítima e os membros da família, mas também afeta negativamente a economia do País. Estudo recente da Universidade Federal do Ceará em parceria com o Instituto Maria da Penha estimou que o Brasil perde cerca de R$ 1 bilhão em razão das consequências dessa violência, que gera faltas ao trabalho, dificuldades para tomar decisões e maior propensão a cometer erros. Isso sem contar os custos aos sistemas de saúde, segurança e justiça. Por isso é importante que as empresas também se envolvam no problema, criando mecanismos para identificar e apoiar a trabalhadora que está sofrendo violência doméstica.

Por que é preciso falar e também ouvir mais a mulher?

Porque muitas mulheres sofrem caladas e não veem saídas para seu sofrimento. A mulher que é agredida precisa contar com apoio dentro da família, na comunidade e nos serviços do Estado.

O fato de a violência estar sendo mais denunciada e noticiada não significa que o problema esteja sendo devidamente debatido e enfrentado. Os preconceitos sobre o assunto e o estigma social sobre a vítima dificultam esse enfrentamento.

Por vergonha, medo, sentimento de culpa e desinformação, muitas mulheres aguentam em silêncio as agressões, às vezes durante anos. Especialistas consideram que, a partir do momento em que a vítima decide falar das agressões sofridas, ela já começou a sair da situação terrível em que se encontra. Essa primeira conversa costuma ser com uma amiga, a mãe, uma parente próxima, a vizinha ou alguma pessoa em quem ela confie.

O que a mulher mais necessita nessa hora é ser ouvida. Mas, muitas vezes, a tarefa de quem quer ajudar é dificultada pelo silêncio da mulher. É preciso respeitar o tempo dela, de falar e de calar. É preciso respeitar também o processo interior de cada uma, inclusive a decisão de permanecer na relação violenta.

O mais importante é que a mulher seja informada e alertada sobre os riscos envolvidos nessa decisão e sinta que pode contar com ajuda e solidariedade. Por isso é fundamental que todas e todos tenham acesso a informações de qualidade, isto é, baseadas em evidências e não em preconceitos, que contribuam para uma melhor compreensão sobre o problema da violência doméstica e possam orientar na busca de saídas.

Se a mulher estiver se sentindo ameaçada, é importante que ela avalie o grau do risco que está correndo. Essa é uma tarefa difícil, pois a vítima em geral ainda mantém um forte vínculo afetivo com o agressor e não consegue acreditar que ele possa realmente cumprir a ameaça. Mas, ao invés de pensar que "cachorro que late não morde", é preciso colocar a vida e a segurança da mulher sempre em primeiro lugar. É importante nunca subestimar uma ameaça. Se achar que está em perigo, a mulher deve procurar ajuda imediatamente e pedir proteção.

Não devemos julgar a mulher que permanece em uma relação violenta, mas procurar entendê-la e ajudá-la a sair dessa situação. Sem segurança e sem apoio isso é muito difícil.

O que fazer, como ajudar, como mudar

Nem toda relação em que há violência psicológica e/ou física precisa ser rompida; mas é importante romper com a violência na relação, isto é, conseguir resolver as divergências e os conflitos por meio do diálogo, da negociação e do respeito, e, se possível, com apoio externo de pessoas amigas e de serviços especializados de atendimento à mulher.

É importante destacar que os serviços públicos não precisam ser acionados apenas em caso de denúncia e processo judicial. Eles podem tirar dúvidas e dar acolhimento e orientações específicas para cada caso. Muitas vezes isso pode ajudar a mulher a se fortalecer para exigir que a violência cesse ou se preparar para enfrentar o processo de separação de maneira que seja mais benéfica para ela e também, se houver, para os filhos.

O Estado – em seus três níveis: municipal, estadual e federal – é responsável por promover políticas de prevenção, acolhimento e responsabilização da violência doméstica praticada contra mulheres. Mas sabemos que as mulheres brasileiras vivem em diferentes realidades e que o acesso a informações e serviços é muito desigual para quem vive fora dos grandes centros. Nesse sentido, a internet pode facilitar o acesso a informações e também a busca de ajuda.

Cada um de nós pode fazer a sua parte: ao reagir diante de uma violência; ao denunciar uma agressão; ao estender a mão e abrir os ouvidos para quem é vítima. Toda palavra e gesto podem fazer muita diferença na vida de uma mulher que está enfrentando uma situação de violência. O importante é não julgar.

Contudo, para promover mudanças efetivas e duradouras, é preciso maior investimento na educação para a não violência. Pesquisa Ibope/Instituto Avon perguntou o que deve ser feito para que as relações entre homens e mulheres sejam respeitosas e sem violência física e psicológica. Para 48% dos entrevistados, é preciso "que os pais deem o exemplo aos filhos, com relacionamento respeitoso e igualitário"; 11% apontaram a necessidade de "mudanças na criação dos filhos, especialmente os meninos"; e 21% disseram que "é preciso promover mais campanhas na mídia e debates nas escolas, empresas e igrejas".

A Lei Maria da Penha também determina "a promoção e a realização de campanhas educativas de prevenção da violência doméstica e familiar contra a mulher, voltadas ao público escolar e à sociedade em geral, e a difusão desta Lei e dos instrumentos de proteção aos direitos humanos das mulheres".

É papel da mídia, como também determina a Lei Maria da Penha, promover o respeito "dos valores éticos e sociais da pessoa e da família, de forma a coibir os papéis estereotipados que legitimem ou exacerbem a violência doméstica e familiar".

Hoje a violência doméstica praticada contra a mulher é assunto cotidiano na imprensa e nas redes sociais que, ao lado de comentários machistas que invariavelmente culpam a vítima, também gera reações indignadas e ações de solidariedade.

É fundamental educar para a desnaturalização de práticas enraizadas nas relações pessoais, que promovem e reforçam a desigualdade por meio de atitudes violentas, que se apoiam com frequência no sentimento de posse e na noção errônea de que se pode resolver qualquer conflito ou contrariedade por meio da violência. O diálogo é sempre o melhor caminho. As práticas do diálogo e da atitude não violenta devem ser estimuladas e exercitadas nos espaços públicos e privados, para o aprendizado do respeito às diferenças e a promoção de uma cultura de paz.

O papel da Igreja Católica no enfrentamento da violência doméstica e familiar contra a mulher: educar, proteger e denunciar

Pe. Cleiton Viana da Silva[*]

    O tema da violência doméstica e a necessidade de identificar todas as formas de violência (física, verbal, econômica, afetiva, social e cultural) e de promover a educação, a proteção e a denúncia têm sido pautas constantes da Igreja Católica. Vemos isso, por exemplo, na ação de várias pastorais, como a Pastoral da Mulher Marginalizada, a Pastoral da Criança, a Pastoral Familiar, a Pastoral da Pessoa Idosa e a Pastoral dos Povos de Rua.

    O empenho da Igreja Católica na luta contra todas as formas de violência contra a mulher pode ser sintetizado em três verbos: educar, proteger e denunciar. Não são três etapas

---

[*] Mestre em Bioética, mestre e doutor em Teologia Moral, professor na Faculdade Paulo VI em Mogi das Cruzes/SP e assessor da sub-região Pastoral SP2 na Animação Bíblico-Catequética.

ou atividades separadas, mas são como um eixo em torno do qual se apoiam as pastorais mencionadas e todas as outras iniciativas que existem nessa mesma direção.

Neste artigo nos esforçamos em evidenciar que *educar* é superar qualquer visão distorcida sobre a relação homem e mulher à luz da fé ou da Palavra de Deus, é superar os falsos entendimentos da Bíblia às vezes usados para mascarar relações de abuso e violência.

Depois, tentamos mostrar que uma sociedade que permite a violência em quaisquer de suas esferas ou níveis é uma sociedade que se condena ao caos e à aniquilação: *proteger* o mais vulnerável é essencial para a vida social; não é supérfluo, mas um imperativo de ordem ética e antropológica.

Finalmente, tentamos mostrar como *denunciar* faz parte da missão da Igreja e de todo cristão e a Igreja o tem feito, seja nas grandes assembleias (Concílio Vaticano II e Conferências do Episcopado Latino-Americano e Caribenho), seja nas atividades dos Papas, especialmente o Papa Francisco com sua denúncia do feminicídio como "praga social". De modo concreto, como nossas comunidades podem viver esse compromisso profético de denunciar toda violência que esteja acontecendo contra uma mulher?

A Igreja tem assumido um grande compromisso nessas três direções: *educar* para a vivência de relações entre as pessoas a partir de sua igualdade e dignidade; *proteger* aqueles que estão em situação de violência e exploração; e *denunciar* tudo o que fere a dignidade da mulher; estas são palavras de ordem para cada cristão nos dias de hoje. Ninguém pode isentar-se desse compromisso.

Educar para a verdade, a igualdade e a dignidade: depurando falsos entendimentos da Bíblia

Muitos de nós conhecemos mulheres que vivem sob violência doméstica e parece que sua religião não lhes dá força para sair dessa situação; acabam aceitando como se fosse "vontade de Deus" os maus-tratos e a violência do companheiro. Infelizmente, *falsos entendimentos da Bíblia* são usados para acobertar a violência contra as mulheres. A proteção, a defesa e a promoção da mulher também precisam passar por um aprofundamento da religiosidade, vencendo toda forma de mascaramento da violência.

Entre os maus usos da Bíblia para justificar a prepotência e o machismo, alguns dizem: "Deus fez primeiro Adão, depois Eva!", querendo com isso dizer que a mulher seria criatura de segundo plano, de segunda linha. Há quem apele ao pecado original e diga que tudo foi por culpa da mulher. Mas a passagem mais usada para falsamente legitimar o arbitrário poder do homem sobre a mulher é quando dizem que a "mulher deve ser submissa ao seu marido".

Essas afirmações precisam ser claramente corrigidas. Pelo menos por dois motivos: primeiro, porque despertam horror em quem ouve porque sabe que Deus não faz acepção de pessoas, não criou ninguém para sofrer na mão de outra pessoa; segundo, porque a fé é boa notícia, é caminho de humanização e nunca poderia ser usada para legitimar alguma forma de relacionamento violento e injusto.

O primeiro falso entendimento da Bíblia: seria a mulher inferior ao homem?

Que lugar a mulher ocupa no *projeto criador* de Deus? Qual é sua dignidade e valor em comparação ao homem?

Para responder a essas perguntas, precisamos olhar os textos bíblicos que falam da Criação e ver os elementos que nos permitem vislumbrar a dignidade da mulher e seu valor diante de Deus. Por causa disso, devemos nos voltar a dois textos bem conhecidos do livro do Gênesis.[1]

O primeiro texto (Gn 1,26-27) é bastante interessante. Nele observamos como a língua em que a Palavra de Deus foi escrita, o hebraico, é rica de termos para falar sobre o ser humano. Primeiro[2] aparece a palavra *adam*, que indica o ser humano, ou poderíamos dizer a "espécie humana". Depois, o texto usa duas palavras bem diferentes para indicar o masculino e o feminino. Para o masculino usa a palavra *zakar* e para o feminino usa a palavra *neqebah*. Agora, após essa explicação, vamos ler o texto; observe as palavras destacadas:

> Deus disse: "Façamos o homem (*adam*) à nossa imagem, como nossa semelhança, e que eles dominem sobre os peixes do mar, as aves do céu, os animais domésticos, todas as feras e todos os répteis que rastejam sobre a terra".
> Deus criou o homem (*adam*) à sua imagem, à imagem de Deus Ele o criou, homem (*zakar*) e mulher (*neqebah*). Ele os criou (Gn 1,26-27).

Percebeu algo de muito interessante? É todo o ser humano (*adam*) que é criado à imagem e semelhança de Deus. E o ser humano existe como homem e mulher. Ambos gozam

---

[1] Considerando os propósitos deste trabalho e seus limites, entenda-se que não nos propomos a discutir exegeticamente os textos bíblicos, mas dar as sínteses mais atuais sobre seu significado e relevância ao tema discutido. Para as citações, seguimos a Bíblia de Jerusalém.

[2] Para os elementos para a interpretação dos textos bíblicos, sigo Pierre Debergé, *O amor e a sexualidade na Bíblia*.

da mesma dignidade. Assim, já se percebe que não se pode falar de superioridade do masculino em relação ao feminino. Ambos são imagem e semelhança do Criador e têm a missão de ser sua presença junto às outras criaturas.

O segundo texto (Gn 2,4b-25) é um pouco mais longo. Pela necessidade de não tornar esta leitura cansativa com muitos detalhes, vamos nos concentrar naquilo que diz respeito diretamente à criação da mulher. Segundo o relato, ainda que o homem esteja em um lugar de fecundidade e chamado a cultivar a terra, encontra-se em uma situação lastimável de solidão: "Não é bom que o homem esteja só". E Deus se propõe fazer-lhe "uma auxiliar que lhe corresponda" (v. 18).

Deus "modela" toda sorte de companhia para o homem, mas em nenhuma ele encontra uma auxiliar que lhe corresponda (cf. v. 20). Auxiliar? Como assim? A mulher será auxiliar do homem?! A palavra "auxiliar", em hebraico *ezer*, não permitiria pensar como um termo que indicasse inferioridade ou incompletude, como na língua portuguesa poderíamos distinguir a enfermeira de sua "auxiliar" de enfermagem.

A palavra "auxiliar" aparece em outros contextos para indicar que *Iahweh* é o auxílio do homem (cf. Ex 18,4; Dt 33,7.26-29). Logo, *a auxiliar que o homem necessita não tem uma função ou dignidade inferior, pelo contrário, lhe fará muitas vezes a função de Deus*: é sua salvação porque lhe salva de uma solidão original, de um fechamento mortal em si mesmo.[3]

Enquanto o homem dorme, Deus cria a mulher. O homem não decide sobre o modo da criação da mulher, não

---

[3] Cf. Debergé, p. 52.

interfere, não manipula. A criação da mulher é também totalmente iniciativa de Deus.

A criação da mulher a partir da costela do homem indica que ela participa da sua realidade, não sendo nem inferior nem superior. Neste caso, a língua hebraica brinca com duas outras palavras: assim como a mulher é tirada do homem, em hebraico a palavra mulher, *ishah*, é tirada da palavra *ish*. Por isso, no momento em que o homem se encontra com a mulher ele fica completamente admirado: "Esta sim é osso de meus ossos e carne da minha carne! Ela será chamada 'mulher' (*ishah*) porque foi tirada do 'homem' (*ish*)" (v. 23). Também neste texto percebe-se a riqueza da língua hebraica ao mostrar a relação entre o homem e a mulher com uma mesma raiz, uma mesma realidade, mas existindo em modos diferentes.

Como é libertador saber que a *Bíblia não coloca a mulher em situação de inferioridade em relação ao homem*, pelo contrário, não apenas afirma sua igual dignidade, como também a apresenta como um instrumento de salvação para o próprio homem.

O segundo falso entendimento da Bíblia: a mulher é a única culpada pelo pecado e pelo mal?

A culpa do outro pode justificar a vazão de nossa ira, de nossa violência? Quando lidamos com alguma pessoa detentora de culpa, corremos o risco de fazer disso um passe livre para toda forma de arbitrariedade, insulto ou agressão.

Ainda que a Bíblia identificasse a mulher como única culpada pelo pecado original, isso não serviria de justificativa para a construção de uma sociedade violenta contra a mulher. Pior ainda, quando a própria Bíblia não permite esse tipo de relação. São Paulo, por exemplo, quando reflete sobre o pecado e a salvação em Cristo, insiste que o pecado entrou no mundo "por meio de um só homem" (cf. Rm 5,12) e que, por causa do pecado, todos morrem em Adão, mas em Cristo, todos recebem a vida (cf. 1Cor 15,22). São Paulo diz isso porque o próprio texto do livro do Gênesis diz que o homem comeu do fruto proibido "junto" com a mulher (cf. Gn 3,6).[4]

O terceiro falso entendimento da Bíblia: o homem tem direito de mandar na mulher?

Finalmente devemos analisar o que significa a "submissão da mulher" ao marido, conforme aparece na Carta aos Efésios quando São Paulo indica os elementos de uma moral doméstica, como sintetiza a Bíblia de Jerusalém (cf. Ef 5,21-33).

Como ponto de partida, para São Paulo, a vida cristã, pelo batismo, elimina todos os privilégios que são construídos a partir das diferenças:

> Vós todos sois filhos de Deus pela fé em Cristo Jesus, pois todos vós, que fostes batizados em Cristo, vos revestistes de Cristo. Não há judeu nem grego, não há escravo nem livre, não há homem nem mulher; pois todos vós sois um só em Cristo Jesus (Gl 3,26-28).

Neste sentido, já fica difícil sustentar alguma forma de inferioridade ou superioridade entre marido e mulher.

---

[4] Infelizmente há dois textos na Bíblia que colocam a culpa do pecado diretamente na mulher. O primeiro é Eclo 25,24 ("Foi pela mulher que começou o pecado, por sua culpa todos morremos"), que sofre uma influência forte de uma corrente de pensamento que via a mulher com desconfiança, como inferior ao homem. Entretanto, este modo de pensar não pertence ao patrimônio da fé judaica, como vimos a partir do livro do Gênesis. O segundo texto é 1Tm 2,14 ("E não foi Adão que foi seduzido, mas a mulher que, seduzida, caiu em transgressão"), que parece se apoiar nesse versículo do Eclesiástico.

Assim, como podemos interpretar o texto já mencionado da Carta aos Efésios que fala da mulher ser submissa ao seu marido? A submissão da mulher ao marido corresponde à submissão da Igreja a Cristo, isto é, sua entrega àquele que a ama, que dela cuida e finalmente por ela se sacrifica. Assim como na relação entre Cristo e a Igreja, a mulher está submetida não ao poder arbitrário do marido, mas ao seu amor que a engrandece e eleva.

O que São Paulo está ensinando é que a relação entre o marido e a esposa é semelhante ao sacrifício de Cristo pela Igreja. Ele dá sua vida por ela e ela se entrega a ele. Neste sentido, *a submissão da mulher é resposta ao sacrifício de amor do seu marido.*

Sintetizando para compartilhar

Não tem sentido usar a Bíblia para justificar algum tratamento desigual à mulher ou a qualquer outro ser humano. Somos todos *adam*! Diante de Deus todos os seres humanos têm a mesma dignidade porque todos fomos criados à sua imagem e semelhança. Em termos concretos, precisamos estar atentos para identificar no interior de nossas comunidades a permanência destes falsos ensinamentos bíblicos e corrigi-los. Devem ser revistos o conteúdo de nossa catequese, a apresentação da relação familiar proposta pelas pastorais ligadas à família e, principalmente, os encontros de preparação para o matrimônio. Todo discurso eclesial deve estar em harmonia com a Palavra de Deus: nela não há acepção de pessoas!

Proteger os mais vulneráveis: o bom samaritano e a ética como cuidado e proteção

Neste ponto do artigo, passamos a observar a relação entre o tema da proteção da mulher e da ética. Talvez possa causar desconforto afirmar que a mulher precisa ser protegida porque poderia significar duas coisas: ou que a mulher exista em uma condição inferior ao homem e carente de defender-se por si mesma e com autonomia, ou que alimentamos uma sociedade e cultura que são hostis à mulher. Discordamos de ambas as coisas.

Antes de pensar a ética como reflexão filosófica sobre a fundamentação, justificativa e avaliação de nossas escolhas morais, devemos lembrar que a primeira acepção da ética é "espaço de proteção", o lugar em que o ser humano encontra-se protegido de tudo aquilo que possa agredi-lo ou colocar obstáculo à sua existência.

Introduzimos o tema abordando a proteção à mulher, mas ética é sempre proteção a todo ser humano. A ética se relaciona no seu ponto mais fundamental com o que toca profundamente a realidade da existência humana: *a vulnerabilidade*. Vulnerabilidade é a possibilidade de ser ferido, conforme o termo latino *vulnus* indica. E a sociedade somente se pode desenvolver graças aos sistemas de proteção ao mais vulnerável que foi estabelecendo ao longo da sua história.

Assim, falar da proteção à mulher não é afirmar alguma inferioridade antropológica ou sustentar um sistema cultural de hostilidade, mas é lembrar que todos os seres humanos, em maior ou menor grau, em maior ou menor extensão da sua existência, de maneira prevista ou imprevista, podem ser feridos. A incapacidade de proteger os mais vulneráveis significaria um "suicídio" social, lento e irracional.

Há um fato que precisa sempre ser considerado. Cada ser humano é único, irrepetível e, por isso, diferente. A sociedade é convivência de diferenças. Há diferenças notáveis na constituição física do homem e da mulher, no seu modo de ver e interpretar o mundo e a existência. Há diferenças entre a criança, o jovem e a pessoa idosa. Há diferenças entre a pessoa sadia e a pessoa enferma. Há diferenças entre povos, etnias e culturas. As diferenças são um fato.

Porém, deve-se chamar a atenção para o fato de que a diferença não pode justificar a desigualdade. Enquanto a diferença pertence aos fatos, às coisas que acontecem, a desigualdade é uma escolha, uma decisão. Que decisão precisamos tomar em relação aos mais vulneráveis? Protegê-los ou humilhá-los? Cuidar deles ou abandoná-los?

Por que é importante considerar a diferença? Porque, sem a consideração da diferença, todo discurso sobre igualdade é discurso injusto. Se não considero as diferenças que existem, por exemplo, entre a vida urbana e a vida rural, não posso dizer que todos podem alcançar as mesmas coisas. Se não considero as condições de escolaridade e educação, não posso dizer que todos os jovens têm iguais condições de desenvolvimento humano e social. Sendo todos vulneráveis e necessitados de cuidado, a única resposta verdadeiramente humana é cuidar e não explorar, é proteger e não violentar.

A vulnerabilidade do outro deve me chamar a cuidar, não a explorar. O cuidado não é em primeiro lugar uma atividade, mas é o que constitui o ser humano no mais profundo da sua existência: só existo por causa do cuidado que os outros tiveram por mim e só me torno verdadeiramente humano quando cuido, quando me responsabilizo pelo outro.

É neste ponto que podemos enxergar o quanto a *parábola do bom samaritano* (cf. Lc 10,29-37) sintetiza uma verdadeira ética do cuidado e da responsabilidade, superando qualquer tentação de indiferença. Sabemos que os judeus desprezavam os samaritanos e que a rivalidade entre esses dois povos era imensa. O judeu que foi deixado ferido estaria abandonado à morte se não fosse o samaritano, porque nem o sacerdote e nem o levita – que eram judeus também – foram capazes de socorrê-lo.

Nesta parábola encontramos os principais elementos que fundamentam a ética: a responsabilidade, a sensibilidade, a autodoação, a gratuidade e a universalidade.[5]

Diante do homem semimorto, o samaritano fez-se responsável, não passou pelo outro lado, mas se aproximou, cuidou de suas feridas e ainda se responsabilizou pelos custos de outros eventuais cuidados.

Sua responsabilidade permitiu que se rompessem as distâncias geográfica e ideológica: atravessou tanto a rua quanto os preconceitos recíprocos entre seus povos. A sensibilidade é fazer do problema do outro um problema meu, sentir que aquilo que fere o outro pode também ferir a mim, é reconhecer no outro a minha própria vulnerabilidade.

Além disso, o samaritano interrompe sua viagem, coloca em segundo lugar seus próprios interesses, debruçando-se sobre o homem ferido. Na doação dos atos de cuidado, do

---

[5] Cf. Francesc Torralba i Roselló, *No passar de largo*.

vinho e do óleo derramados como remédio nas feridas, o samaritano doou a si mesmo porque doou o que tinha de mais precioso: o seu próprio tempo.

O homem semimorto não tinha o que lhe oferecer e o samaritano não fez disso um obstáculo, pelo contrário, gratuitamente tomou a iniciativa de socorrê-lo.

Finalmente, superando todas as expectativas, o samaritano não viu um judeu caído, semimorto, mas simplesmente um homem como ele mesmo, que naquele momento precisava de cuidado. O samaritano venceu todos os obstáculos que impedem o respeito e a fraternidade entre os povos: somos todos seres humanos, vulneráveis e, muitas vezes, efetivamente feridos.

Nessa parábola, tudo o que pode impedir uma abordagem ética é incrivelmente superado. Mais que isso, nesse relato a diferença entre os dois povos (samaritanos e judeus) e entre os dois homens (homem saudável e homem ferido) não foi motivo para indiferença ou desigualdade. O samaritano viu no homem ferido a si mesmo, um outro igual a si em dignidade e vulnerabilidade.

Entre as pastorais que desenvolvem um sistema de proteção à mulher, vale ressaltar o papel da Pastoral da Criança e, especificamente, sua abordagem educativa para a prevenção da violência. Semelhante à ética do bom samaritano, a Pastoral da Criança ultrapassa barreiras porque é ecumênica, não tropeça nas diferenças de credos e ideologias. Em suas atividades de "rodas de conversa" desperta nas mães um sentido de autoestima acompanhado de um conhecimento de seus direitos e deveres. Há casos em que líderes da Pastoral da Criança tiveram papel importante tanto na prevenção como na proteção de mulheres em relação à violência. Sua articulação[6] deve ser um estímulo para várias outras pastorais.

Se encontramos na experiência de nossas comunidades esforços educativos para superar a violência, mais ainda devemos esperar e incentivar uma abordagem educativa integral nas escolas para que a consciência da igual dignidade e o dever de respeito sejam fomentados. Nos casos de violência contra a mulher, quando as próprias crianças presentes nesses lares não são também vitimadas, se tornam testemunhas dessas ocasiões de sofrimento, gerando nelas um impacto e danos às vezes irreparáveis.

Desde jogos que supõem cooperação entre meninos e meninas a momentos mais explícitos sobre os vários aspectos de possibilidade de violência contra a mulher que já comentamos, em todas as fases escolares as crianças e jovens deveriam compreender a abrangência da *Lei Maria da Penha* (n. 11.340/2006). A lei procura não somente oferecer os mecanismos de proteção à mulher e punição dos agressores, mas também esclarece que devem ser assegurados todos os elementos que lhe garantam "vida, segurança, saúde, alimentação, educação, cultura, moradia, acesso à justiça, esporte, lazer, trabalho, cidadania, liberdade" (cf. Art. 3º). Assim, percebe-se que a lei não visa apenas reparar o dano, mas criar as condições igualitárias e favoráveis à vida da mulher,

---

[6] Ainda que se trate de prevenção da violência contra a criança, a cartilha *A Paz começa em casa* (Curitiba, 1999) ajuda as mães a tomarem consciência das várias formas de violência que podem acontecer no ambiente familiar, como a violência física, emocional, por negligência, sexual e de exploração do trabalho. Nessa cartilha da Pastoral da Criança, as líderes são treinadas para fazer uma abordagem bastante efetiva, incluindo o diálogo com os Conselhos Municipais da Criança e do Adolescente. Por consequência, as mães acompanhadas pela Pastoral da Criança são mais conscientes dos seus direitos como cidadãs, tornando-as menos vulneráveis e tolerantes com qualquer forma de violência.

superando a cultura machista em que vivemos. E por conta disso, na escola, as campanhas para conhecimento, aprofundamento e desdobramento da lei são indispensáveis.

Sintetizando para compartilhar

Todos nós, seres humanos, somos vulneráveis e necessitamos de proteção. Somos responsáveis uns pelos outros. Não podemos ignorar as violências, pelo contrário, devemos nos sensibilizar e nos unir para criar redes de proteção e cuidado aos mais vulneráveis. Sem proteção e sem cuidado aos mais vulneráveis, a sociedade irá definhar na indiferença e na violência. Cuidar e proteger são condições para sobrevivermos como seres humanos.

Denunciar toda forma de violência contra a mulher: compromisso da Igreja, do Concílio Vaticano II ao Papa Francisco

Nesta parte do artigo, procuramos destacar a contribuição da Igreja Católica em relação à dignidade da mulher e sua proteção nas suas atividades e ensinamentos mais recentes.

O Concílio Vaticano II (1962-1965) foi uma grande assembleia de bispos para ajudar a Igreja a se colocar no ritmo do mundo contemporâneo. Para ser fiel a Jesus Cristo, o Papa João XXIII entendia que a Igreja precisava ser Igreja dos pobres e de todos.

O tema da dignidade da mulher e sua igualdade de direitos com o homem entrou de cheio. Para se ter ideia, em vinte e um concílios, o Vaticano II foi o primeiro na história a ter vários ouvintes que não eram bispos ou padres, mas fiéis leigos e leigas. Foram 29 homens e 23 mulheres participando como auditores do Concílio.[7]

O principal documento dedicado ao tema da igualdade e direitos da mulher foi a Constituição Pastoral *Gaudium et Spes* (doravante GS). Quando mostra o panorama das aspirações e lutas do mundo contemporâneo, elenca-se entre elas a reivindicação das mulheres de sua igualdade de fato e de direito com os homens (cf. GS n. 9).

O Concílio afirma explicitamente que entre todos os seres humanos há igualdade essencial e, por isso, deve também haver justiça social, já que todos têm a mesma natureza e origem (cf. GS n. 29). Ainda nesse mesmo ponto, são denunciadas situações em que lamentavelmente se nega à mulher sua igualdade com os homens: quando a ela é negado o direito de escolher o próprio esposo, de abraçar sua vocação ou de ter acesso às mesmas condições de educação e cultura que os homens.

Chamando a atenção para o âmbito da família, a *Gaudium et Spes* insiste na importância do amor conjugal (cf. GS n. 49) e na defesa da família e do matrimônio. Finalmente, a *Gaudium et Spes* incentiva a promover e sustentar cada vez mais a maior e ampla participação e engajamento das mulheres em todos os setores da vida (cf. GS n. 60).

No âmbito da América Latina e do Caribe, a Igreja Católica tem se empenhado em traduzir para nosso contexto todo o seu ensinamento. Algumas assembleias de bispos de nosso continente, as Conferências Episcopais da América Latina e Caribe (CELAM), têm também oferecido preciosos

---

[7] Cf. Fernando Altemeyer Junior, Auditores e auditoras. In: *Dicionário do Concílio Vaticano II*, pp. 41-43.

ensinamentos sobre a gravidade da discriminação e violência contra a mulher, como também têm chamado nosso povo a enfrentar e lutar contra essas formas de violência.

A Conferência de Medellín (1968), na Colômbia, estava muito próxima do Concílio Vaticano II e, como o grande impacto era a pobreza como forma de violência em geral ao nosso povo, limitou-se a repetir os ensinamentos da *Gaudium et Spes* destacando que "... a mulher reivindica sua igualdade de direito e de fato com o homem" (Cf. Medellín I, 1).

A Conferência de Puebla (1979), no México, teve condições de desenvolver e destacar outros elementos e tratou especificamente da contribuição da mulher na evangelização (cf. Puebla nn. 834-849). Nessa parte denuncia sua marginalização causada pelas formas de violência institucionalizada (prepotência do homem, salários desiguais e educação deficiente), que chega a transformá-la em objeto de consumo e exploração (cf. Puebla n. 834). Também descreve a sobrecarga a que muitas mulheres são submetidas por causa de sua jornada dupla de trabalho e o frequente abandono do lar por parte dos homens (cf. Puebla n. 837).

A Conferência de Santo Domingo (1992), na República Dominicana, elaborou um tópico exclusivo sobre as mulheres (SD nn. 104-110): mencionam-se as posições reducionistas sobre a natureza e a missão da mulher (cf. SD n. 105); a Igreja assume vários compromissos, dentre eles: denunciar tudo o que for violação dos direitos da mulher; anunciar o ser verdadeiro da mulher à luz do Evangelho; desenvolver nos sacerdotes e dirigentes leigos a aceitação e valorização da mulher na comunidade eclesial e na sociedade, e não somente pelo que fazem, mas pelo que são; cuidar para que o processo de educação não mantenha formas de discriminação e marginalização contra a mulher (cf. SD n. 109).

Na Conferência de Aparecida (2007), no Brasil, também temos uns "belos números" que tratam da mulher (DA nn. 451-458); neles se reafirma a igual dignidade entre homens e mulheres e se salienta que: "O mistério da Trindade nos convida a viver como uma comunidade de iguais na diferença" (DA n. 451). Afirma ainda que a relação entre homem e mulher é "de reciprocidade e colaboração mútua" (DA n. 452).

Na denúncia das diversas formas de violência a que a mulher é submetida na América Latina, Aparecida realça que as mulheres pobres, indígenas e afro-americanas sofrem dupla marginalização (cf. DA n. 454). Entre as propostas pastorais (cf. DA n. 458) inclui-se "acompanhar as associações femininas que lutam para superar situações difíceis, de vulnerabilidade e de exclusão".

Essas duas últimas conferências fazem uma espécie de ponte na mudança do modo como a Igreja percebe sua responsabilidade no enfrentamento da violência contra a mulher. Santo Domingo insistia em um *processo de educação* para que não apenas a dignidade da mulher fosse respeitada, mas a forma de convivência fosse sadia, vencendo as manifestações de machismo que se instalam na cultura. Em Aparecida, nesse processo de educação, a Igreja se compromete a acompanhar as iniciativas que lutam contra as formas de atentado à dignidade da mulher. A mudança não é de direção, mas de intensidade: deve-se cuidar para que haja não apenas conscientização para identificar a violência contra a mulher, mas também combater toda forma de violência. Aparecida, que teve o então Cardeal Bergoglio, nosso Papa Francisco, como membro do grupo de sua redação final, nos permite compreender a insistência e a incisividade do nosso atual Papa.

Para compreender o modo incisivo do Papa Francisco em denunciar a "praga do feminicídio" (Discurso em Trujillo, 24 de janeiro de 2018), precisamos olhar, ainda que brevemente, o quanto os Papas anteriores também prepararam essa possibilidade. Neste ponto do artigo somos chamados a olhar o ensinamento do Papa Francisco sobre a dignidade da mulher, seu espaço na sociedade e na Igreja e sua denúncia contundente e profética contra o feminicídio. Destacar o ensinamento de Francisco não significa ignorar ou desmerecer o papel de seus antecessores. Na verdade, eles prepararam, deram condições e material para o engajamento atual de Francisco.

Como vimos, o tema da dignidade da mulher foi abraçado pelo Concílio Vaticano II, graças à solicitude dos Papas João XXIII e Paulo VI. Estes não apenas deram espírito a esta luta, mas pessoalmente também produziram ensinamentos que procuravam evidenciar o valor e o papel da mulher.

João XXIII, na encíclica *Pacem in Terris* (1963), não se esquivou em defender às mulheres o direito a condições adequadas de trabalho (cf. PT n. 18) e seu ingresso na vida pública, a consciência de sua dignidade e sua luta para não ser tratada como instrumento, seja no âmbito doméstico, seja no âmbito público (cf. PT n. 39).

Semelhante ensinamento fez ressoar São Paulo VI, em sua carta apostólica *Octogesima adveniens* (1971), ao denunciar a necessidade de superar todas as discriminações contra a mulher. Ele insiste na sua igualdade de dignidade e de direitos de "participar na vida cultural, econômica, social e política" (OA n. 13).

Não seria honesto ignorar a belíssima imagem que João Paulo I usa para falar de Deus: "Deus é pai e mãe!". Ainda que seu pontificado tenha sido tão breve, nele percebemos que o masculino e feminino manifestam traços do ser de Deus.

Certamente o longo pontificado de São João Paulo II tem muito o que oferecer nesta reflexão, mas destacamos duas contribuições importantíssimas. A primeira é a *Teologia do Corpo*, que ele desenvolveu ao longo de cinco anos, entre 5 de setembro de 1979 a 28 de novembro de 1984, de catequese sobre a realidade do amor conjugal e o dom de si. A segunda contribuição significativa é a carta apostólica *Mulieris dignitatem* (1988), sobre a dignidade e a vocação da mulher, documento referência para todo trabalho de promoção da mulher e de seus direitos.

Não menos importante é a contribuição de Bento XVI, que na encíclica *Deus caritas est* (2005) denuncia que, tanto na antiguidade como na contemporaneidade, algumas formas de exaltação e endeusamento da liberdade feminina não passam de um mascaramento do abuso e da exploração, especialmente de seu corpo (cf. DC nn. 4ss).

Como dissemos anteriormente, as contribuições dos Papas anteriores, como também do Concílio Vaticano II e das conferências episcopais latino-americanas, concentraram-se em afirmar que toda negação, exclusão ou limitação à participação da mulher nas esferas da vida social são formas de violência, contrárias à sua dignidade e, por isso, condenáveis.

Coroando todo esse caminho, o Papa Francisco encontra os elementos para especificar e denunciar as atuais formas de violência contra a mulher. Como seria difícil ainda tentar sintetizar ou fazer um balanço da contribuição do Papa Francisco, destacamos dois elementos importantíssimos: sua insistência em construir uma *cultura do encontro* e sua denúncia da *cultura do descarte*, bandeiras que ele levanta desde o início de seu pontificado.

Em sua exortação apostólica *Evangelii gaudium* (2013), depois de reafirmar a necessidade de apoiar a contribuição da mulher (cf. EG n. 103) e sua reivindicação de direitos (cf. EG n. 104), ele propõe como meta da Igreja o *cuidado da fragilidade*. Desenvolvendo o aspecto da dimensão social da evangelização, sua preocupação se dirige às mulheres que são frequente e duplamente violentadas: porque sofrem e têm menos possibilidade de se defenderem.

Francisco não tem apenas insistido no tema da misericórdia e da ternura para aplacar a violência no mundo, mas insiste que a contribuição da mulher é essencial para dar à sociedade e à Igreja uma direção melhor: no serviço e na caridade. Seu pensamento se concretiza em seu esforço incansável de dar mais espaço à mulher, não como elemento supérfluo, como ele disse uma vez, nem como "cereja em cima do bolo!", apenas para disfarçar o machismo. Em 2013, ao regressar da Jornada Mundial no Brasil, disse aos jornalistas: "Uma Igreja sem as mulheres é como o Colégio Apostólico sem Maria".

Desde 2018, em Trujillo no Peru, Francisco tem levantado ainda mais a voz ao denunciar as várias formas de violência contra a mulher, como o tráfico de mulheres, a exploração sexual e o feminicídio, que ele chamou de "praga social". Francisco insiste na importância de uma legislação e *cultura de repúdio a todas e quaisquer formas de violência contra a mulher*. Segundo ele, entre muitas paredes permanece uma violência silenciada. Por isso, é preciso denunciar.

Às vésperas do Sínodo dos Jovens, ele retomava o tema em um encontro com a juventude e falava da prostituição como um crime de tortura dos homens contra as mulheres: "Quem sai com prostituta é um criminoso, tortura as mulheres".

Em nossas comunidades, seguindo a prática da Pastoral da Criança, algumas outras pastorais deverão colaborar com uma abordagem mais incisiva de denúncia de situações de violência contra a mulher. Pastorais como a da Família e a Cáritas, por exemplo, deverão desenvolver junto às famílias acompanhadas um conhecimento adequado sobre as várias formas de violência que podem acontecer, sobre seus direitos e como encaminhar efetivamente uma denúncia aos órgãos competentes. As pastorais devem tomar cuidado para que o anúncio da conversão e da misericórdia não mascare ou sustente situações de violência. O agressor sempre poderá ser acompanhado pela nossa caridade e oração, mas o agredido deve antes de tudo se sentir respaldado e defendido nos seus direitos como cidadão e como pessoa.

Sintetizando para compartilhar

A Igreja Católica, desde o Vaticano II aos nossos dias com o Papa Francisco, tem se empenhado em identificar e denunciar todas as formas de violência contra a mulher. De acordo com Francisco, é necessário uma cultura de repúdio a toda forma de exploração, violência e opressão da mulher. Além da voz profética contra todas as formas de violência, nossas comunidades devem estar atentas a apoiar de maneira concreta as situações em que se devem denunciar agressões e agressores.

Considerações não finais

Não temos considerações finais a propor. Seria perigoso concluir a leitura de um texto como este e dos outros que compõem este trabalho e imaginar que as coisas estão concluídas com a leitura. Não estão.

Vimos que à medida que a Igreja assume o compromisso de educar, proteger e denunciar para erradicar a violência contra a mulher, nossas comunidades, através de suas pastorais, também dão passos mais concretos. Desse modo, cada mulher e qualquer pessoa ferida em sua dignidade podem experimentar os gestos de cuidados do bom samaritano, que não apenas cuida das feridas, mas leva o ferido a um ambiente de recuperação de sua saúde, de sua vida e de sua dignidade.

Este texto é um estímulo para que cada um se empenhe em vencer as distorções que tentam mascarar uma sociedade injusta e desigual; para que haja um compromisso de proteção aos mais vulneráveis e aos que já estão feridos por todas as formas de violência; para que a denúncia não aconteça tarde demais, quando não é mais possível salvar aquele que mais precisa, aliás, aquela que mais precisa e, como diria Francisco, que muitas vezes é silenciada entre as paredes de sua própria casa.

Referências bibliográficas

Bento XVI. *Carta encíclica Deus caritas est*. 11. ed. São Paulo: Paulinas, 2019.

Bíblia de Jerusalém. São Paulo: Paulus, 2016.

CELAM. *Documento Conclusivo de Medellín*. II Conferencia General del Episcopado Latinoamericano, Medellin,

1968. Disponível em: <http://www.celam.org/documentos/Documento_Conclusivo_Medellin.pdf>.

_____. *Documento Conclusivo de Puebla*. III Conferencia General del Episcopado Latinoamericano, Puebla 1979. Disponível em: <http://www.celam.org/conferencias_puebla.php>.

_____. *Documento de Santo Domingo*. IV Conferencia General del Episcopado Latinoamericano, Santo Domingo, 1992. Disponível em: <http://www.celam.org/conferencias_domingo.php>.

_____. *Documento Conclusivo de Aparecida*. V Conferencia General del Episcopado Latinoamericano, Aparecida, 2007. Disponível em: <http://www.celam.org/conferencias_aparecida.php>.

CONCÍLIO VATICANO II. *Constituição Pastoral Gaudium et Spes sobre a Igreja no mundo de hoje*. 17. ed. São Paulo: Paulinas, 2018.

DEBERGÉ, Pierre. *O amor e a sexualidade na Bíblia*. Aparecida: Santuário/Cidade Nova, 2003.

FRANCISCO. *Exortação apostólica Evangelii gaudium*. São Paulo: Paulinas, 2013.

JOÃO PAULO II. *Carta apostólica Mulieris dignitatem*. 6. ed. São Paulo: Paulinas, 2018.

JOÃO XXIII. *Carta encíclica Pacem in Terris*. 6. ed. São Paulo: Paulinas, 2018.

PASTORAL DA CRIANÇA. *A paz começa em casa*: como trabalhar as relações humanas para prevenir a violência contra a criança no ambiente familiar. Curitiba: Pastoral da Criança, 1999.

PAULO VI. *Carta apostólica Octogesima adveniens*. 3. ed. São Paulo: Paulinas, 2011.

SANCHEZ, Wagner Lopes; PASSOS, João Décio (orgs.). *Dicionário do Concílio Vaticano II*. São Paulo: Paulinas/Paulus, 2015.

TORRALBA I ROSELLÓ, Francesc. *No passar de largo*. La experiência ética. Barcelona: Proteus, 2010.

Lei Maria da Penha: um basta à tolerância e banalização da violência contra a mulher

Silvia Chakian[*]

Apesar dos inegáveis avanços e conquistas relacionadas aos direitos das mulheres, nossa sociedade ainda dá demonstrações de tolerância quanto às violências e discriminações de gênero. Isto se deve, em larga medida, à histórica – e distorcida – concepção de mulher associada ao pertencimento a um homem, que autoriza, muitas vezes, até o emprego de violência para exercício desse domínio.

De fato, o gênero feminino sempre foi menosprezado, entendido como objeto de posse e opressão do gênero masculino. A construção da inferioridade feminina é histórica e se fez presente nos mais diversos discursos, inclusive nas ciências, que por muito tempo se prestaram a justificar, como verdade científica, a inferioridade intelectual e também moral da mulher.

---

[*] Promotora de Justiça do Ministério Público do Estado de São Paulo, secretária executiva da Promotoria de Enfrentamento à Violência Doméstica do Ministério Público.

Destinada aos únicos papéis sociais possíveis, de esposa e mãe, a mulher se viu ao longo de séculos afastada da participação política e com dificuldades de acesso à educação, o que também se refletiu na maior precarização de sua mão de obra para o trabalho quando ela foi necessária no período das grandes guerras.

Não por outra razão, até pouco tempo atrás a mulher não podia votar e precisava pedir autorização do marido para atos simples da vida, como praticar comércio e viajar.

Ao longo da nossa história, essa concepção de que a mulher sequer existia como sujeito de direitos – e nem era reconhecida em igualdade ao homem, em direitos e obrigações – foi determinante para que valores como o patrimônio, a virgindade, o pudor e a honra conjugal orientassem toda a produção de um *direito* profundamente discriminatório.

Somente a partir da noção de que indivíduos são dotados de dignidade humana, surgida com o pós-guerra, aliada à importante contribuição do pensamento feminista, foi possível que as mulheres fossem finalmente entendidas como sujeito de direitos, o que também permitiu a construção da noção de *gênero* e a categoria *violência contra a mulher*.

Como resultado dessas transformações, ganha relevo a busca pela produção de um novo Direito, mais compatível com a noção de que as mulheres são possuidoras de direitos humanos.

No âmbito internacional, são assinados tratados, convenções e declarações de proteção dos direitos humanos das mulheres, com destaque para a Convenção sobre a Eliminação de Todas as Formas de Discriminação contra a Mulher (CEDAW, 1979) e a Convenção Interamericana para Prevenir, Punir e Erradicar a Violência contra a Mulher (Convenção de Belém do Pará, 1994).

No âmbito constitucional, a Constituição Federal de 1988 introduz o regime político democrático no País e atribui à dignidade humana o posto de princípio maior do sistema jurídico como um todo, contemplando ainda a igualdade como valor supremo, o que impõe a adoção de ações afirmativas por parte do Estado brasileiro, destinadas a acelerar o processo de igualdade para grupos vulneráveis, como no caso das mulheres, que sempre estiveram distantes das oportunidades garantidas aos grupos dominantes.

E no âmbito infraconstitucional, a nova ordem democrática passou a exigir a reforma dos dispositivos legais que, carregados de noções preconceituosas e de discriminação contra a mulher, não mais se sustentavam. Nesse contexto, ocorreram as reformas do Código Penal de 1940, com destaque para a Lei n. 10.224/2001 (que introduz a figura do assédio sexual), as Leis n. 11.106/2005 e n. 12.015/2009 (novo paradigma dos crimes sexuais), a Lei n. 13.718/2018 (Lei da importunação sexual), além obviamente da Lei n. 11.340/2006 (Lei Maria da Penha) e da Lei n. 13.104/2015 (Lei do Feminicídio).

A Lei Maria da Penha – definida pela professora Fabiana Cristina Severi, da Faculdade de Direito de Ribeirão Preto/USP, como parte de um "projeto jurídico feminista" – tem destaque absoluto nesse contexto, na medida em que possibilita verdadeiro arcabouço protetivo para a mulher em situação de violência doméstica e familiar, ao lado das políticas de prevenção.

Nesse ponto, importante ressaltar que a Lei Maria da Penha também é resultado de recomendações do Comitê CEDAW/ONU e da Comissão Interamericana de Direitos Humanos (CIDH/OEA) ao Estado brasileiro, por força da negligência e tolerância no combate da violência doméstica contra as mulheres, que ganhou relevo especialmente a partir da denúncia do caso de Maria da Penha Maia Fernandes, que se tornou referência dessa omissão pública brasileira. No caso Maria da Penha, o agressor, seu então marido, não havia recebido punição, mesmo passados quinze anos das duas tentativas de homicídio que praticou, deixando-a paraplégica no segundo atentado.

Além da obrigação de finalizar o processo com a responsabilização do agressor, apuração das responsabilidades pela demora na conclusão do processo e a reparação material simbólica pelos danos sofridos por Maria da Penha, o Brasil também recebeu recomendação da CIDH para adotar políticas públicas voltadas à prevenção, punição e erradicação da violência contra a mulher.

Com o objetivo de mudar esse panorama, em 2004 deu-se início à elaboração de um projeto de lei versando sobre mecanismos de combate e prevenção à violência doméstica contra as mulheres, que contou com fundamental apoio de um consórcio de organizações não governamentais feministas. O projeto de lei foi amplamente discutido em audiências públicas, convenções, seminários, fóruns de debates e encontros em todos os estados, resultando no Projeto de Lei n. 4.559, de 2004, que após as tramitações de praxe deu origem à Lei n. 11.340/2006.

A Lei Maria da Penha disciplina a forma de enfrentamento à violência doméstica e familiar contra a mulher e se tornou referência tanto no ordenamento jurídico nacional como no internacional, porque rompeu a tradição de permissividade à violência doméstica até então existente, além de propiciar dimensão multidisciplinar à proteção da mulher e prevenção da violência doméstica e familiar.

Violência doméstica e familiar contra a mulher

Para a incidência da Lei Maria da Penha, há necessidade de que a violência empregada contra a mulher esteja baseada no *gênero*, ou seja, que tenha como fundamento sua condição feminina.

Na definição da socióloga Heleieth Saffioti, gênero pode ser definido como sendo "a construção social do masculino e do feminino", compreendendo, portanto, a elaboração dos modelos de comportamento (masculinidades e feminilidades) em uma sociedade ou território e em determinada época, porque esses "códigos de comportamento" são determinados pelos fenômenos culturais, sociais e econômicos aos quais estamos sujeitos. Daí porque seu alcance acaba sofrendo alterações ao longo do tempo, dependendo do lugar e da própria organização social. Não se confunde, portanto, com o conceito de sexo, este sim relacionado aos aspectos biológicos do homem e da mulher.

A sociedade atua de forma decisiva nessa referência valorativa e ainda hoje, mesmo que tenhamos evoluído muito na questão da luta pela igualdade entre homens e mulheres, persiste a noção de que ao gênero masculino atribui-se a figura patriarcal, do provedor, macho e viril, ao passo que ao gênero feminino atribui-se a ideia de submissão, reprodução e personalidade mais frágil e delicada.

Para Maria Amélia de Almeida Teles e Mônica de Melo,

> o conceito de violência de gênero deve ser entendido como uma relação de poder de dominação do homem e de submissão da mulher. Ele demonstra que os papéis impostos às mulheres e aos homens, consolidados ao longo da história e reforçados pelo patriarcado e sua ideologia, induzem

relações violentas entre os sexos e indica que a prática desse tipo de violência não é fruto da natureza, mas sim do processo de socialização das pessoas.

Por outro lado, se é verdade que em função dessa desigualdade histórica a violência de gênero está presente em todas as culturas, é preciso registrar que ela não atinge de idêntica forma todas as mulheres, especialmente quando considerada sua combinação com os demais marcadores sociais, tais como raça, classe, etnia, religião e orientação sexual. Isso porque a intersecção desses fatores acaba reservando a determinadas mulheres posição ainda mais desvantajosa em relação aos demais grupos sociais.

Exemplificando, a condição da maior vulnerabilidade das mulheres negras e pobres é evidente: são elas que aparecem como a maioria das vítimas de violência (aqui compreendidas a violência física, moral, patrimonial, psicológica, sexual, simbólica, nas relações de trabalho etc.).

De qualquer forma, pode-se dizer que a razão de ser da Lei Maria da Penha está no reconhecimento da posição de inferioridade e de dominação histórica que ainda é imposta às mulheres nas relações domésticas e familiares. A partir da constatação de que a violência que atinge as mulheres tem contornos muito específicos e bastante distintos da violência que em geral é praticada contra os homens, exigiu-se a elaboração de legislação específica, porque a forma de enfrentamento também precisa ser instrumentalizada de maneira diversa.

Por exemplo, os atos de violência que acometem o gênero masculino ocorrem, em regra, em espaço público, na rua, à vista de testemunhas, enquanto a mulher sofre a violência no espaço privado, em sua residência, na ausência de testemunhas. Como se isso não bastasse, as estatísticas demonstram que o homem é vítima, geralmente, de alguém desconhecido, ao passo que o agressor da mulher em geral mantém com ela relação de proximidade: são parceiros ou ex-parceiros, pessoas do seu convívio ou que possuem com ela relação de parentesco ou afinidade. No mais, a violência contra os homens, em regra, não apresenta caráter de habitualidade ou de relação hierárquica, muito ao contrário do que sucede quando a vítima é do gênero feminino.

Conceito e formas de violência doméstica

O conceito de violência doméstica surge da conjugação dos artigos 5º e 7º da Lei Maria da Penha. Conforme o artigo 5º: "configura violência doméstica e familiar contra a mulher qualquer ação ou omissão baseada no gênero que lhe cause morte, lesão, sofrimento físico, sexual ou psicológico e dano moral ou patrimonial".

Nos termos dos incisos I, II e III, esse tipo de violência ocorre quando praticada no âmbito da "unidade doméstica" (espaço de convívio permanente de pessoas, com ou sem vínculo familiar); da "família" (comunidade formada por indivíduos unidos por laços naturais ou de afinidade); ou de "relação íntima de afeto" (na qual o agressor conviva ou tenha convivido com a vítima, independentemente de coabitação).

Portanto, para a Lei Maria da Penha ocorre crime de violência doméstica quando o agressor ofende a integridade física, psicológica, sexual, moral ou patrimonial, por exemplo, da esposa, ex-esposa, companheira, ex-companheira, namorada, ex-namorada, "ficante", noiva, irmã, filha, mãe, avó, tia, sobrinha, cunhada ou de mulher que com ele divida o mesmo espaço de convívio, como é o caso de moradores de uma pensão, abrigo, república etc.

A Lei Maria da Penha também prevê as formas de violência doméstica, em rol não exaustivo, uma vez que o artigo 7º traz a expressão "entre outras". Dentre as formas de violência previstas, estão:

a) *física*, que abrange qualquer conduta que ofenda a integridade ou a saúde corporal da mulher;

b) *psicológica*, que abrange qualquer conduta que lhe cause dano emocional e diminuição da autoestima ou que lhe prejudique e perturbe o pleno desenvolvimento ou que vise degradar ou controlar suas ações, comportamentos, crenças e decisões, mediante ameaça, constrangimento, humilhação, manipulação, isolamento, vigilância constante, perseguição contumaz, insulto, chantagem, violação de sua intimidade, ridicularização, exploração e limitação do direito de ir e vir ou qualquer outro meio que lhe cause prejuízo à saúde psicológica e à autodeterminação (Redação dada pela Lei n. 13.772/2018);

c) *sexual*, que abrange qualquer conduta que constranja a mulher a presenciar, manter ou participar de relação sexual não desejada, mediante intimidação, ameaça, coação ou uso da força; que a induza a comercializar ou utilizar, de qualquer modo, a sua sexualidade; que a impeça de usar qualquer método contraceptivo ou que a force ao matrimônio, à gravidez, ao aborto ou à prostituição, mediante coação, chantagem, suborno ou manipulação; ou que limite ou anule o exercício de seus direitos sexuais e reprodutivos;

d) *patrimonial*, que abrange qualquer conduta que configure retenção, subtração, destruição parcial ou total de seus objetos, instrumentos de trabalho, documentos pessoais, bens, valores e direitos ou recursos econômicos, incluindo os destinados a satisfazer suas necessidades;

e) *moral*, que abrange qualquer conduta que configure calúnia, injúria e difamação.

Essas formas de violência previstas na Lei Maria da Penha encontram "tradução" nas diversas infrações penais (crimes ou contravenções) previstas na nossa Legislação Penal: Código Penal e Lei de Contravenções Penais. Assim, as infrações penais mais comuns correspondentes à violência física são: *feminicídio* (violência extrema, que atenta intencionalmente contra a vida da mulher por circunstâncias de gênero); *lesão corporal* (quando o contato físico violento deixa marcas aparentes, como é o caso de socos, chutes, queimaduras, esganaduras, mordeduras, que causam fraturas, hematomas ou escoriações); *tortura* (quando há a imposição de intenso sofrimento físico ou mental, com objetivo específico de castigo ou obtenção de informação); e *vias de fato* (quando o contato físico violento não deixa marcas aparentes, como, por exemplo, o puxão de cabelo, tapa ou empurrão).

As infrações penais mais comuns correspondentes à violência psicológica são: *ameaça* (quando o agente promete causar um mal injusto e grave à vítima); *perturbação à tranquilidade* (quando há, por exemplo, perseguição e insistência em manter contato, que cause impacto na tranquilidade da vítima); e *divulgação de cena de sexo ou nudez da vítima* (quando o agente possui em seu poder fotos ou vídeos de conteúdo íntimo da vítima e com o propósito de vingança ou humilhação compartilha esse material).

No âmbito da violência sexual, as infrações mais comuns são o *estupro* (quando há constrangimento para a prática de ato libidinoso mediante emprego de violência ou grave ameaça); *estupro de vulnerável* (quando há a prática de ato libidinoso com vítima menor de 14 anos; ou de pessoa com deficiência que a impeça de manifestar livre consentimento para o ato; ou quando por outra causa ela não possa manifestar esse consentimento); e *importunação sexual* (quando o agente pratica contra a vítima ato libidinoso sem a sua anuência).

Os crimes mais comuns correspondentes à violência patrimonial são o *dano* (destruição de bens da vítima); o *furto* (subtração de bens da vítima); e a *apropriação indébita* (quando o agente já tem a posse de bens da vítima e deles se apropria).

Por fim, a violência moral compreende os crimes contra a honra da mulher, definidos na legislação penal como os crimes de *calúnia, injúria e difamação*, abrangendo, portanto, os xingamentos, as ofensas, as acusações e humilhações, que atingem o conceito que a vítima tem de si própria e/ou sua imagem social.

Feminicídio: o ápice da violência doméstica contra a mulher

Assim como a Lei Maria da Penha parte do reconhecimento de que a violência doméstica e familiar tem aspectos bem distintos daquela que em regra acomete os homens, a Lei n. 13.104/2015 também evidencia o contexto específico das mortes violentas de mulheres, em relação à morte de homens, denominando que há feminicídio quando o atentado contra a vida de uma mulher ocorre por razões da condição do gênero feminino, isto é, quando praticado em contexto de violência doméstica ou familiar; ou quando há contexto de menosprezo ou discriminação à condição de mulher.

O feminicídio é, portanto, longe da noção de crime passional ou "por amor", uma manifestação de ódio à mulher, uma prática criminosa que sempre contou com a contribuição e o estímulo da impunidade. Isso porque a história do nosso país é marcada, inicialmente, pela permissão legal para o marido matar a esposa "adúltera" e, depois, pela impunidade absoluta para aqueles que matassem a companheira ou ex--companheira em "estado de privação de sentidos", motivado por "violenta emoção".

O feminicídio costuma ser o último ato de agressão contra a mulher, após uma escalada de violência; um impulso de ódio em relação à mulher que, segundo a antropóloga Rita Segato, se explicaria como consequência da violação feminina às duas leis do patriarcado: a norma de *controle e possessão* sobre o corpo feminino e a norma de *superioridade*, de hierarquia masculina. Essa reação de ódio costuma ocorrer, portanto, quando a mulher exerce autonomia no uso do seu corpo, decidindo, por exemplo, as roupas que quer vestir ou quando/com quem quer ter relações sexuais. Ou, ainda, quando a mulher atinge independência financeira ou ascende a posições de autoridade, poder econômico ou político, tradicionalmente ocupadas por homens, desafiando esse equilíbrio assimétrico.

Da mesma forma como ocorreu com a Lei Maria da Penha, a Lei do Feminicídio também foi criticada como uma discriminação ao homem. Assim como surgiram vozes pedindo uma "Lei João da Penha" para proteger homens agredidos, também houve quem exigisse uma "Lei do Homicídio", entendida como o assassinato de homens. Para evitar essas distorções, é preciso entender que tanto a Lei Maria da Penha como a Lei do Feminicídio jamais se fundamentaram na noção de que a integridade física ou a vida de uma mulher vale mais que a de um homem. A discussão também não está em quem sofre mais violência ou quem morre mais, homens ou mulheres, mas sim no contexto específico dessas violências e mortes. Os homens sofrem mais violência e são assassinados nas ruas, em brigas de trânsito ou entre traficantes, em confrontos com a polícia ou em assaltos, em crimes praticados geralmente por desconhecidos. Já as mulheres são, em sua maioria, agredidas dentro de casa, por maridos, companheiros e namorados ou ex, que com espantosa frequência reagem a uma rejeição afetiva com ameaças, espancamentos e tentativas de assassinato.

Trata-se de um tipo de criminalidade que exige a implementação de políticas públicas de prevenção e repressão específicas para a diminuição dos índices de violência. O Brasil vive hoje uma verdadeira epidemia, com índices que nos posicionam na 5ª colocação dentre as nações com o maior número de mortes violentas de mulheres.

Considerações finais

A Lei Maria da Penha é um dos principais marcos legais na conquista dos direitos das mulheres. Consagrada nacional e internacionalmente, há estatísticas indicando que a Lei é conhecida por 99% da população (Data Popular/Instituto Patrícia Galvão, 2013), além de ter sido identificada em 2008 pela ONU como uma das três legislações mais avançadas do mundo sobre o tema.

A legislação deu origem a um novo sistema jurídico, específico para o atendimento integral das mulheres em situação de violência doméstica e familiar e responsável por romper a tradição de tolerância e omissão do Estado, da sociedade e da própria Justiça em relação a esse tipo de violência.

Dentre os principais avanços obtidos com a lei, destacam-se: a retirada dos casos de violência doméstica do âmbito dos Juizados Especiais Criminais; a visibilidade de outras formas de violência menos conhecidas, como a psicológica; medidas inovadoras de proteção da mulher, como as medidas protetivas de urgência; a possibilidade de prisão preventiva na hipótese de descumprimento dessas medidas; além das relevantes políticas públicas voltadas à prevenção da violência.

Se sua eficácia atualmente é considerada reduzida, tal fato deve-se muito mais à falta de implementação integral, uma que vez que os mecanismos de proteção e políticas públicas nela previstos ainda não foram integralmente realizados em função de nossa realidade de carências nas estruturas de poder.

Também a Lei do Feminicídio traz avanços importantes, porque, ao tornar visível o contexto das mortes violentas de mulheres por circunstâncias de gênero, algumas mudanças passam a ser exigidas. A falta de dados e estatísticas sobre essas mortes sempre fez com que essa modalidade de crime permanecesse invisível aos olhos da sociedade, dificultando a adoção de iniciativas específicas de repressão e prevenção desse tipo de violência.

De qualquer forma, é importante salientar que o Brasil assumiu, com a assinatura dos tratados e convenções internacionais, diversos compromissos constitucionais e internacionais de enfrentamento de todo tipo de discriminação de gênero e garantias de que todos, homens e mulheres, gozem plenamente de seus direitos humanos. Até o momento cumpriu-se apenas parte da responsabilidade assumida, com a Lei Maria da Penha e, posteriormente, com a Lei do Feminicídio. Isso porque a legislação adequada é somente um ponto de partida, importante, mas nitidamente insuficiente, uma vez que ainda são muitos os entraves para o enfrentamento à violência contra a mulher.

Dentre os principais desafios que ainda se apresentam estão a persistência da subnotificação, resultado de mulheres que silenciam e não buscam ajuda quando em situação de violência – por falta de informação e amparo, por dependência financeira ou emocional, por medo, vergonha, ou mesmo por falta de confiança nas instituições. Há ainda a carência de serviços e equipamentos da rede de atendimento à mulher, frequentemente em número insuficiente para acolher a demanda e prestar apoio, auxílio e fortalecimento à vítima.

Não bastasse, no Brasil faltam ainda políticas capazes de garantir efetividade às medidas protetivas de urgência, havendo falhas também na capacitação de agentes públicos que, por desconhecimento ou preconceito, por vezes ainda revitimizam e menosprezam os relatos de ameaça, não compreendem a gravidade e complexidade da violência praticada e acabam por desencorajar essas mulheres, deixando de adotar medidas de proteção por não entender a gravidade da situação.

Cabe ao sistema de justiça avançar para que a aplicação da legislação venha acompanhada de um olhar cuidadoso para as vítimas (meninas e mulheres), com atenção para os marcadores de raça, classe, orientação sexual e outros, porque, infelizmente, estereótipos, preconceitos e discriminações em relação às mulheres podem interferir negativamente na aplicação da justiça.

Também ainda há muita resistência quanto à adoção das políticas voltadas à educação previstas na Lei Maria da Penha, estratégia fundamental para rompermos mitos e preconceitos que, nos relacionamentos, costumam legitimar mortes baseadas no "se não for minha não vai ser de mais ninguém". A falta desse debate entre os jovens impede que haja avanços na mudança de posturas sobre a forma como a sexualidade feminina ainda é julgada, a partir de uma dupla moral, para homens e mulheres, na qual delas se espera, ainda hoje, o papel do recato, do comportamento sexual "adequado", discreto e tradicional, não havendo dúvidas de que são essas expectativas sobre o "comportamento feminino adequado" que autorizam as mortes e a absurda responsabilização da mulher pela própria violência que a vitimou.

Por fim, ainda falhamos todos nós, enquanto sociedade, quando não nos mobilizamos e não "metemos a colher", quando não nos sentimos parte do problema da violência contra a mulher, a ponto de ainda haver relatos de mulheres que foram espancadas, quase até a morte, por horas, sem que ninguém fizesse nada, o que é inaceitável. A grande contribuição da Lei Maria da Penha foi descortinar a violência contra a mulher, romper com o padrão de tolerância e afirmar, de uma vez por todas, que esses casos não se restringem à esfera familiar, particular, mas são uma questão de Estado, em que a sociedade tem o *poder* e o *dever* de intervir.

Referências

DATA POPULAR; INSTITUTO PATRÍCIA GALVÃO. Percepção da sociedade sobre violência e assassinato de mulheres. *Agência Patrícia Galvão*. Publicação on-line. 2013. Disponível em: <https://agenciapatriciagalvao.org.

br/wp-content/uploads/2013/08/livro_pesquisa_violencia.pdf>. Acesso em: jul. 2018.

SAFFIOTI, Heleieth I. B. *Gênero, patriarcado e violência*. 2. ed. São Paulo: Expressão Popular/Fundação Perseu Abramo, 2015.

SEGATO, Rita Laura. *Que és um feminicídio*. Notas para un debate emergente. Série Antropología, 401. Brasília: Universidade de Brasília, 2006. Disponível em: <www.cuentaconmigo.org.br/articulos/segato.pdf>. Acesso em: jan. 2015.

SEVERI, Fabiana Cristina. "Enfrentamento à violência doméstica contra as mulheres e à domesticação da Lei Maria da Penha: elementos do projeto jurídico feminista no Brasil." Ribeirão Preto/SP, 2017. Tese de livre docência apresentada à Faculdade de Direito de Ribeirão Preto/Universidade de São Paulo.

TELES, Maria Amélia de Almeida; MELO, Mônica de. *O que é violência contra a mulher*. São Paulo: Brasiliense, 2012.

Mitos e verdades sobre a violência doméstica e sexual contra a mulher no Brasil

Marisa Chaves de Souza[*]

A violência contra a mulher manifesta-se cotidianamente e por repetidas vezes nos mais diferentes contextos e ambientes em que vivem e frequentam as mulheres brasileiras: dentro de casa, nas escolas, nas ruas, nas igrejas, nos ambientes de trabalho, nos jornais impressos e digitais, nas redes sociais, enfim, em qualquer lugar[1] e a qualquer tempo. Essa violência materializa-se das mais variadas formas: física, moral, psicológica, patrimonial,

---

[*] Assistente social, mestre em Serviço Social pela UFRJ, coordenadora do Centro de Referência para Mulheres Suely Souza de Almeida, vinculado ao Núcleo de Estudos de Políticas Públicas em Direitos Humanos da UFRJ, e integrante da Comissão de Segurança da Mulher do RJ.

[1] Estamos nos referindo aqui a "lugar" como uma noção que não se restringe às relações sociais no espaço físico, mas também às relações que se estabelecem por meio das mídias sociais, no âmbito imaterial. A violência *doméstica* não deve ser compreendida como aquela que ocorre no espaço geográfico da residência da família, mas sim como a que ocorre *no âmbito das relações de afinidade e/ou aproximação entre vítima e agressor*.

institucional e/ou sexual, dentro e fora de seus domicílios e protagonizada por familiares ou por outras pessoas com quem as mulheres estabelecem relações íntimas de afeto ou aproximação.

Devemos escutar as mulheres sobreviventes da violência, considerando as suas especificidades e diferentes realidades e aproximando-nos das reais demandas e leituras que elas fazem da questão. A partir do envolvimento de toda a sociedade, conheceremos as estratégias encontradas pelas mulheres em situação de violência para salvaguardarem sua vida, ampliando o universo de possibilidades criativas que permitam elaborar um pacto em defesa da não violência contra a mulher e por uma cultura de paz.

Para atingir esse objetivo devemos descortinar a realidade que aflige as mulheres e que as impede de progredir no campo individual e social. Nessa direção, uma das saídas possíveis talvez seja o compartilhamento de experiências individuais e coletivas, facilitando assim o acesso das mulheres aos direitos e às políticas públicas.

É preciso articular a sociedade e os governos para o enfrentamento dessa grave questão e, nessa direção, destaca-se a importância do papel das diferentes religiões. Afinal, muitas mulheres que vivenciam experiências dolorosas e traumáticas procuram ajuda dentro das igrejas, em busca de acolhimento; muitas vezes, contudo, por desconhecimento sobre o problema e sobre os serviços e políticas públicas que tratam da questão, algumas lideranças religiosas incentivam o silêncio e a permanência no ciclo da violência familiar, colocando as vítimas sob risco potencial que atenta contra os direitos humanos.

Desfazendo alguns mitos sobre a violência doméstica

Dentre os objetivos deste artigo distingue-se o de contribuir com a reflexão e superação de alguns mitos que ainda prevalecem em torno do fenômeno da violência doméstica e sexual contra a mulher no Brasil. Espera-se, assim, facilitar o conhecimento do problema para que estratégias para enfrentá-lo sejam identificadas e elaboradas, a fim de que se tornem realmente eficazes.

Nessa direção, é necessário realizar uma viagem no tempo para compreender as determinações históricas, sociais, econômicas, políticas e culturais responsáveis pela permanência e reprodução, de geração em geração, da desigualdade entre os gêneros.

O gênero se constitui em diversas sociedades como uma forma relevante de estratificação social na qual é comum encontrar uma suposta superioridade masculina e uma suposta inferioridade feminina.

Um dos principais fatores responsáveis pela naturalização da violência contra a mulher é a forma pela qual os povos constroem, desconstroem e reconstroem a cultura, aqui entendida como resultado de um processo dialético e articulado de representações sociais sobre o feminino e o masculino, de acordo com os símbolos, lendas, signos, cânticos, crenças e valores éticos e morais apreendidos e reproduzidos em cada contexto cultural.

Os papéis sociais destinados aos homens e às mulheres são classificados como papéis de gênero, a partir de uma conceituação relacional, devendo ser analisados a partir de cada contexto social, econômico e político.

Acredita-se que, a partir da construção de novas relações entre os gêneros, seja possível enfrentar e localizar respostas às diversas formas de violência que acometem as mulheres brasileiras. Para tanto, devemos mergulhar nos valores ético--morais para melhor compreender os mitos que ainda prevalecem em nossa sociedade e que aprisionam as mulheres, em especial quando tentam exercer a titularidade de suas vidas sem sofrer violência.

Nesse caminhar, convido as leitoras e os leitores a refletirem sobre noções errôneas e preconceitos que vêm sendo reproduzidos como naturais e imutáveis, a saber:

Mito – *Meu parceiro afetivo não me deixa sair sozinha e tampouco com as amigas porque é atencioso e cuidadoso com minha segurança pessoal e bem-estar.*

Verdade – Comportamentos controladores e obsessivos são fortes indícios de relacionamentos abusivos. Se a mulher sente que esses "cuidados" estão impedindo que ela faça coisas ou tenha contato com pessoas, ela deve ficar atenta e pedir ajuda.

Mito – *Por causa do receio da violência urbana, meu parceiro afetivo escolhe a roupa que devo usar e os ambientes sociais que eu posso frequentar.*

Verdade – O controle sobre a mente e o corpo femininos é uma demonstração de poder do homem sobre a mulher. É comum homens machistas tratarem as mulheres como objetos de sua propriedade. Esse comportamento retira a autonomia da mulher sobre a própria vida e facilita o isolamento social, e esse é um forte indicador de risco que fortalece o agressor. Se a mulher sente que isso está acontecendo, deve pedir ajuda, pois já pode estar em uma situação de risco.

Mito – *Mulheres que possuem autonomia econômica rompem facilmente com os parceiros violentos.*

Verdade – A violência doméstica atinge todas as mulheres, independentemente de classe social, nível de instrução, raça/etnia e orientação sexual. Contudo, embora essa seja a mais "democrática" dentre as demais formas de violência, é importante assinalar que as múltiplas discriminações potencializam ainda mais a vulnerabilidade e o impacto da violência sobre determinados segmentos, como o das mulheres pobres e com pouca instrução, as negras, indígenas, homossexuais e transexuais. As políticas públicas, como as Delegacias Especializadas de Atendimento às Mulheres e os Centros de Referência, atendem todas aquelas que necessitam dos serviços, sem realizar qualquer distinção. A partir do acompanhamento especializado a mulher conseguirá superar os possíveis agravos psicológicos e reiniciar a vida em bases não violentas. O fato de a mulher ser economicamente independente não significa que ela tenha independência emocional. É aconselhável que ela procure ajuda o quanto antes, de preferência ajuda especializada, pois muitas mulheres com maior poder aquisitivo procuram ajuda privada e nem sempre encontram profissionais preparados para realizarem uma escuta ativa, sensível e solidária. Os Centros de Atendimento são para todas as mulheres, pobres ou ricas, e dispõem de profissionais capacitados a oferecer escuta e respostas para muitas dúvidas, além de providenciar encaminhamento para outros serviços especializados.

Mito – *A mulher que sofre violência doméstica precisa ser protegida por outro homem para ser respeitada socialmente.*

Verdade – A mulher precisa conhecer os seus direitos e a rede social de proteção disponível na sua região, bem como ter acesso às políticas públicas que ofereçam acolhimento emocional e suporte material para que consiga romper o ciclo da violência doméstica. Toda mulher deve ser respeitada, independentemente de ter um homem ao seu lado.

Mito – *Caso a mulher em situação de violência doméstica saia do domicílio conjugal, ela perde o direito à propriedade do imóvel.*

Verdade – Não existe previsão na legislação brasileira que determine a perda do direito à propriedade do imóvel pelo simples fato de a mulher ter saído de casa. Esse mito favorece a permanência da mulher no relacionamento abusivo. Para obter orientações, a mulher deve procurar a Defensoria Pública e saber quais são seus direitos.

Mito – *A mulher financeiramente dependente do parceiro poderá vir a perder o direito à guarda e a responsabilidade pelos filhos menores caso se separe do agressor.*

Verdade – A dependência econômica em relação ao parceiro, quando este é o genitor dos filhos, não determina a perda da guarda e responsabilidade em relação aos filhos menores. A justiça brasileira não pode nem deve ter como base o argumento da falta de recursos da genitora para a retirada da guarda e responsabilidade. Além disso, requerer a ação de alimentos das crianças e adolescentes é garantir um direito inalienável dos filhos, do qual as mulheres não devem abrir mão. Assim, é aconselhável que a mulher procure a Defensoria Pública para requerer, por exemplo, a abertura de processos de guarda dos filhos, ação de alimentos e visitação.

Mito – *A mulher que reside no imóvel de propriedade exclusiva do parceiro, que tenha sido adquirido antes do relacionamento estável, não poderá requerer a medida protetiva de urgência, prevista na Lei n. 11.340/2006 (Lei Maria da Penha), de afastamento do agressor do domicílio conjugal.*

Verdade – Diversas são as medidas protetivas de urgência previstas na Lei Maria da Penha. Uma delas é o afastamento provisório do agressor do domicílio conjugal, que tem como objetivo ampliar o sentimento de segurança à mulher enquanto se aguardam a audiência e a decisão judicial. A saída do agressor do domicílio conjugal não está relacionada à perda do direito à propriedade do imóvel. O autor de violência continua a ter direito à propriedade, mesmo quando tem que se ausentar dele por determinação judicial ou da própria vontade.

Mito – *A mulher que rompe com o parceiro violento acaba procurando um novo parceiro violento quando reconstrói sua vida afetiva, retroalimentando a violência.*

Verdade – As mulheres não gostam de apanhar, nem escolhem um parceiro violento ao sair de uma relação conjugal violenta. O fato de uma mulher viver uma nova experiência afetiva violenta demonstra o quanto o machismo está presente nas relações sociais. A culpabilização das vítimas só aumenta o sentimento de desamparo das mulheres e naturaliza a dominação exercida pelos homens, tratando-os como se fossem todos iguais e, assim, invalidando a troca de parceiro. Isso não é verdade, existem homens não violentos e que se colocam contrários a todas as formas de violência empreendidas contra as mulheres. Após sair de uma relação violenta, a mulher tem o direito de acreditar que pode viver uma nova experiência afetiva, que seja prazerosa, respeitosa e saudável.

Mito – *O agressor é uma pessoa perturbada, com transtornos mentais, alcoólatra ou dependente químico, e por essa razão agride a mulher.*

Verdade – O autor de violência é uma pessoa comum, que integra todas as classes sociais e pode possuir diversos níveis de escolaridade. O fato de possuir transtornos mentais ou ser um dependente químico não é um fator determinante de que praticará a violência contra as parceiras. As drogas lícitas e ilícitas e/ou problemas psicológicos ou psiquiátricos poderão potencializar um comportamento violento, mas não são eles que determinam a ocorrência de práticas violentas nas relações íntimas. O processo de socialização nas culturas machistas, racistas e homo/lesbofóbicas/transfóbicas é que naturalizam padrões comportamentais violentos. A mulher que enfrenta essa situação deve procurar ajuda e não minimizar o risco a que está submetida, pois o parceiro que alega alcoolismo ou dependência de drogas ilícitas nem sempre é agressivo com os amigos da comunidade e do trabalho. Ele é agressivo com a mulher pelo fato de achar que ela suportará a dominação que ele exerce. Para sair dessa situação ela pode procurar o Centro de Atendimento à Mulher para ser orientada e receber acompanhamento adequado.

Mito – *O agressor muitas vezes agride a mulher, porém é um bom pai para os seus filhos.*

Verdade – Os filhos que presenciam e vivenciam violências são diretamente afetados e podem vir a apresentar problemas psíquicos, que impactarão seu desenvolvimento biopsicossocial, e problemas de relacionamento interpessoal, baixa empatia social, agressividade e reprodução da violência em suas relações familiares e afetivas futuras. Nesses casos, a mulher deve procurar ajuda antes que os danos sejam de difícil superação, tanto para ela como para seus filhos.

Mito – *Por mais violento que seja o parceiro, é melhor não se separar dele para evitar traumas futuros e uma família desestruturada.*

Verdade – A família brasileira possui diversos arranjos sociais e não existe um modelo único de família. O que determina se a família é ou não estruturada é a relação de afeto de um membro em relação ao outro e para isso é fundamental que o ambiente esteja livre de violência. Não é recomendável que a mulher permaneça em uma relação violenta em defesa de uma falsa ideia de família estruturada. As crianças e adolescentes não aprovam a existência de violência como padrão de convivência familiar e, quando vivem em lares marcados por violências, tendem a apresentar diversos problemas sociais, dificuldades no processo de aprendizagem escolar e na convivência comunitária. Para evitar que a violência contra a mulher atinja também os filhos, comprometendo sua saúde física e mental, é preciso pedir ajuda para sair do relacionamento abusivo.

Mito – *Os homens que praticam violência contra a mulher não possuem instrução/escolaridade e têm baixo poder aquisitivo.*

Verdade – Os homens que praticam violência contra as mulheres integram todas as classes sociais e possuem níveis variados de instrução/escolaridade. A violência de gênero não se limita a determinada classe ou grupo social. O que determina a existência da violência no âmbito das relações entre homens e mulheres são os fatores sociais, históricos e culturais. Não se pode justificar a violência com argumentos que se baseiam em causas externas ao relacionamento, como estresse no trabalho, renda insuficiente, excesso de compromissos profissionais, alcoolismo, dependência de drogas ilícitas, receio de o parceiro realizar violência autoprovocada e outros. A mulher não deve cair nessa armadilha, pois esses falsos argumentos irão colocá-la em um labirinto de dúvidas. É aconselhável que ela compartilhe suas angústias com profissionais preparados para ouvi-la. Para descobrir onde obter apoio, ela pode acionar o Ligue 180 (serviço gratuito, 24 horas).

Considerações finais

O debate está posto na sociedade e cabe a cada um de nós contribuir com a elaboração de estratégias possíveis para ampliar a prevenção e a assistência às mulheres que estão em situação de violência, pois os atuais índices de violência registrados traduzem o quanto a violência de gênero é endêmica, comprometendo os níveis de desenvolvimento do País.

Embora tenhamos conseguido nos últimos anos avanços legais a favor das mulheres, pouco se conquistou na efetivação desses direitos. Por essa razão, existe um hiato entre o que já está legislado e as políticas públicas para as mulheres. Para a reversão da atual situação espera-se a mobilização de toda a sociedade em favor da construção de uma nação que atente para o cumprimento dos direitos humanos enquanto conquistas inalienáveis de todas as mulheres brasileiras.

Referências

BUTLER, Judith. *Cuerpos que importan*: sobre los limites materiales y discursivos del "sexo". Buenos Aires: Paidós, 2002.

FOUCAULT, Michel. *História da Sexualidade I*: a vontade de saber. Rio de Janeiro: Edições Graal,1988.

GODINHO, Tatau; SILVEIRA, Maria Lúcia da (orgs.). Políticas públicas e igualdade de gênero. In: *Cadernos da Coordenadoria Especial da Mulher*, São Paulo, n. 8, 2004.

GOMES, Nilma Lino. Alguns termos e conceitos presentes no debate sobre relações raciais no Brasil: uma breve discussão. In: BRASIL. Ministério da Educação. Secretaria de Educação Continuada, Alfabetização e Diversidade.

Educação antirracista: caminhos abertos pela Lei Federal n. 10.639/03. Brasília: MEC/Secadi, 2005.

GROSSI, Miriam Pillar. Identidade de gênero e sexualidade. In: *Antropologia em Primeira Mão*, n. 24, Florianópolis, PPGAS/UFSC, 1998.

_____. Rimando amor e dor: reflexões sobre a violência no vínculo afetivo-conjugal. In: PEDRO, Joana Maria; GROSSI, Miriam Pillar (orgs.). *Masculino, feminino, plural*: gênero na interdisciplinaridade. Florianópolis: Mulheres, 1998.

REZENDE, Grazi. Entre o rosa e o azul: uma sociedade regida por papéis de gênero. Pesquisa disponível em: <http://mundodapsi.com/uma-sociedade-regida-por-papeis-de-genero/em>. Acesso em: 5/05/2019.

Cilada: não era amor, era abuso!

Flávia Dias[*]

Sabe aquele companheiro superprotetor, que quer estar sempre junto, não gosta de "dividir" sua atenção e dá vários conselhos "pro seu bem"? Talvez seja difícil admitir, mas provavelmente se trata de um relacionamento abusivo. Mesmo sem violência física, esse comportamento naturaliza diversos outros tipos de agressões: a dominação é confundida com proteção e cuidado; ciúme é confundido com muito amor; o controle psicológico parece um discurso de quem só quer ajudar. Os problemas são diversos, mas quase imperceptíveis pela vítima.

No começo tudo parece lindo, um relacionamento novo com muito amor, no qual o casal só quer estar junto. Aos poucos e de forma sutil a relação vai se modificando com o controle total da vida e do corpo do outro. A fórmula é simples: admiração pelo parceiro x autoestima machucada. Essa conduta desencadeia diversos tipos e níveis de violência dentro de uma relação com o ficante, namorado ou marido.

---

[*] Vice-presidente da ONG *Não me Kahlo*, jornalista e pesquisadora de estudos feministas e cultura urbana.

Esse cenário gerou polêmicas com o filme *Cinquenta tons de cinza*.[1] O problema não são as práticas sexuais, mas Christian Grey torna-se abusivo ao querer controlar toda a vida de Ana. Saindo da ficção, recentemente um *reality show* de uma grande emissora de TV foi palco para o relacionamento abusivo entre dois participantes, com direito a cenas de violência psicológica, verbal e física. A violência explícita, como entretenimento televisivo, era comentada como resultado da imaturidade da vítima. As cenas repercutiram na internet, a relação virou caso de polícia e acarretou a expulsão do agressor do programa.

De fato, o Brasil está vivendo uma onda de violência contra mulher e feminicídio que se vem intensificando. Só nos dois primeiros meses de 2019 foram registrados 344 casos de feminicídio, sendo 207 episódios consumados e 137 tentativas. A média é de 5,3 casos por dia, ou seja, cerca de um caso a cada quatro horas e meia nos primeiros 60 dias do ano. A agressão física e o assassinato configuram-se apenas como o final de uma relação abusiva e violenta que se foi intensificando aos poucos, até chegar ao feminicídio.

Infelizmente, existem situações *normatizadas* (que se tornaram norma) pela sociedade, como o humor machista ou os padrões de comportamento ditados pela mídia e a publicidade, objetificando mulheres; outras são *normalizadas* (que se tornaram normais e comuns) e apaziguadas socialmente, como controle e ciúmes; alguns fatores morais são *padronizados* pela sociedade, reforçando essa relação de vulnerabilidade e submissão da mulher. Esse conjunto dificulta a identificação da violência e gera mais culpa para a vítima. É preciso estar atenta aos sinais!

---

[1] CINQUENTA tons de cinza. Direção de Sam Taylor-Johnson. EUA, 2015. Filme baseado no livro de mesmo título, de autoria de E. L. James (ed. bras.: Rio de Janeiro: Intrínseca, 2015.)

Controle do corpo: o primeiro sinal de alerta é o parceiro controlar seu corpo e "domar" seu jeito. São conselhos sobre a roupa ou maquiagem, que avançam para o corte de cabelo e a cor do esmalte, sempre criticando a pessoa de forma negativa por estar usando ou agindo de determinada maneira. Querer agradar o parceiro e acatar essas dicas são a porta de entrada para mais abusos.

Lugares inadequados: classificar como inadequados locais como festas e bares na verdade é uma tentativa de controlar os passos da pessoa, assim como procurar saber os locais que ela frequenta no dia a dia: ponto de ônibus, trabalho, restaurante em que almoça, cursos. Se há críticas ou questionamentos sobre os lugares de que a pessoa gosta e frequenta, está sendo abusivo. Independentemente do tom de voz do pedido ou quão apaixonado ele pareça. Também não deve existir uma troca ou negociação de que se ele não vai a um lugar, a parceira também não pode ir.

Distanciamento dos amigos: a mulher se afasta de amigos porque acredita que é melhor passar mais tempo com o seu novo amor? Geralmente os argumentos dele giram em torno de: aquela amiga solteira pode convencê-la de que um relacionamento não é o ideal nesse momento; ou aquele amigo do trabalho pode estar dando em cima dela; ou alguns familiares querem destruir a relação dos dois. Não acredite! Proibições da vida social não podem ser normalizadas. Ninguém precisa abrir mão de uma amizade devido a um namoro ou casamento. Parceiros manipuladores distorcem a realidade e nos fazem duvidar de pessoas próximas, criando uma situação de isolamento social.

Autoestima abalada: outra situação é apontar defeitos de forma crítica e cheia de julgamentos, tentando modificar e "melhorar" a companheira. São pequenas agressões diárias que minam a autoestima, depreciando o corpo e a capacidade intelectual da mulher. É um comentário sobre o corpo (muito magra ou alguns quilinhos extras), o desempenho intelectual (deveria estudar mais ou "você não entende disso"), ou simplesmente sobre algo que a mulher faça, como cozinhar ou lavar roupas.

Na maioria das vezes, a observação vem seguida de "eu gosto de você mesmo assim", "se fosse outro não ia tolerar isso" e "eu te amo mesmo assim, mas você pode tentar mudar". Essas são formas de o parceiro menosprezar a mulher, fazendo-a acreditar que ele está completamente certo. Ficar sozinha parece uma visão de terror. Não caia nessa!

Brigas frequentes: se há discussões e brigas constantes entre o casal, algo não está normal. Pior ainda se os desentendimentos são sempre "causados" pela mesma pessoa. É comum que o abusador a todo momento reverta as situações e coloque a vítima como violenta, abusadora ou agressiva. Ele jamais admite que está errado, aproveitando-se da vulnerabilidade da mulher para fortalecer a própria autoestima e assegurar o domínio dos acontecimentos.

Culpa e dependência

Todos esses comportamentos levam à *dependência emocional*, um estado em que a vítima não consegue imaginar sua vida sem o parceiro. A pessoa projeta as próprias expectativas no parceiro, passando a depender dele para se sentir feliz, capaz de tomar decisões e até mesmo para se sentir amada.

É de extrema importância que se consiga distinguir de forma prática um relacionamento abusivo e que se perceba que existem diferentes tipos de abuso que podem ser vividos de forma isolada ou atrelados, sempre recaindo sobre a vítima as acusações e o peso da culpa. Segundo o site norte-americano *Abuse and Relationships*, o ato de transferir para o parceiro toda a responsabilidade pelas próprias ações e sentimentos é a base de toda violência doméstica. No caso da violência doméstica contra a mulher, ao fazer isso o abusador exerce o controle de forma disfarçada, fazendo a vítima pensar que o agressor está apenas tentando apontar falhas no relacionamento, para então resolvê-las. O abusador pode fazer isso de diversas formas:

- Enumerar tudo que ele já fez pela mulher, culpando-a por ser ingrata e exploradora, em uma tentativa de fazê-la agir da forma que o agressor deseja.
- Fazer com que a mulher sinta que está magoando de forma consciente o agressor ao não fazer o que ele deseja.
- Fingir ter compaixão pela mulher, para então repetir várias vezes que o seu comportamento "extravagante"

está além da enorme capacidade de perdão do agressor, mudando o foco do comportamento dele para o dela.
- Rotular o ponto de vista da mulher como louco ou irracional, a fim de desacreditá-la.
- Falar muito de seus motivos e pouco de suas ações, novamente desviando o foco, fazendo a mulher acreditar que as ações violentas são justificadas.
- Fazer a mulher acreditar que ele pode mudar seu comportamento agressivo e a sentir-se culpada por não salvar o agressor de si mesmo.

Tipos de violência

Relacionamento abusivo não é apenas aquele em que há agressão física. Existem agressões piores, com atitudes e palavras, que às vezes geram traumas mais profundos do que um tapa, resultando em ansiedade, depressão e graves transtornos.

- *Psicológica*: é qualquer conduta que cause dano emocional e diminuição da autoestima, em público ou a sós. Aqui se enquadram piadas, humilhação, insultos, isolamento, perseguição, controle e ameaças de término.
- *Moral*: atitudes que coloquem a pessoa em situação de constrangimento, como acusações sem motivos, ofensas à dignidade, compartilhamento de mensagens pessoais e fotos íntimas, incluindo os crimes de calúnia, injúria e difamação. Comentários depreciativos sobre corpo, aparência, vida amorosa e orientação sexual. A intenção das acusações é diminuir e culpar a mulher.
- *Patrimonial*: atos que causem dano, perda, subtração, destruição ou retenção de objetos, documentos

pessoais ou bens e valores. Destruir objetos, ocultar bens e propriedades são comuns nesse caso.

- *Econômica*: práticas que interferem na vida financeira da pessoa, como proibir de trabalhar, controlar o dinheiro de forma direta ou indireta, decidir ou impedir compras etc.
- *Sexual*: ser forçada a beijar outra pessoa (conhecida ou não); sofrer tentativa de abuso sob efeito de álcool ou drogas; ter o corpo tocado sem consentimento; ser forçada ou persuadida a manter relação sexual; manter contatos físicos indesejados ou constrangedores (abraços, beijos ou sexo).
- *Física*: é mais evidente do que as demais, porém é importante frisar que qualquer agressão que produza contato físico pode ser assim considerada, como, por exemplo, empurrar, amarrar, apertar e sufocar, até chegar a níveis extremos, como desferir chutes, tapas e socos.

Todas as situações listadas são enquadradas na Lei Maria da Penha (Lei n. 11.340/2006), que dispõe que a violência contra a mulher é qualquer ação ou omissão baseada no gênero que lhe cause morte, lesão, sofrimento físico, sexual, psicológico, dano moral ou material, em âmbito doméstico, familiar ou afetivo.

Ciclo dos abusos

Existe um ciclo invisível que não apenas permite que os limites de abuso sejam gradativamente estendidos, como também fortifica os laços e o *looping*, isto é, a repetição da violência, por semanas, meses ou anos.

Aparentemente a relação vai bem, até que surge um momento de violência emocional, no qual acusações, agressões e desrespeito tomam conta da situação. O agressor desaprova alguma atitude ou gosto pessoal da vítima, apontando o que ele afirma serem erros e gerando aumento do estresse. A vítima passa a viver "pisando em ovos" e fazendo de tudo para evitar a explosão.

Com a vítima já fragilizada, desponta uma agressão física, quase sempre durante uma briga ou discussão. O incidente hostil extrapola os limites diários e normalizados pela vítima, sendo compreendido como a gota d'água e levando-a a cogitar sobre o afastamento ou término da relação.

Em pouco tempo, contudo, vem o momento do perdão – também chamado de "lua de mel" –, no qual a vítima sente falta do parceiro devido à dependência emocional e/ou ele também tenta reconquistá-la. O agressor enche a vítima de carinho e atenção, pede desculpas e promete mudanças em nome do amor. Devido à vulnerabilidade, muitas mulheres aceitam dar uma "segunda chance" ao parceiro, acreditando que o fato nunca mais se repetirá. O ciclo é repetido diversas vezes com momentos de tensão, explosão e lua de mel, agravando-se mais a cada episódio. Uma briga que começou com gritos pode terminar em morte.

Debate nas redes e busca de ajuda

A internet tem se tornado um espaço importante, tanto para o apoio quanto como fonte de informações a vítimas de relacionamentos abusivos. Comunidades, redes de discussão e mesmo grandes campanhas *on-line* têm ganhado cada vez mais espaço.

Devido ao caso do *reality show* mencionado anteriormente, surgiu a campanha #EuViviUmRelacionamentoAbusivo, na qual foram compartilhados diversos relatos com histórias similares ou mais graves. Milhares de mulheres demonstraram apoio umas às outras e expuseram vários casos de agressão. Os relatos evidenciam que falta apoio às vítimas e mostram a dificuldade em, muitas vezes, reconhecer-se como vítima de um relacionamento abusivo.

Outra campanha importante foi liderada pelo coletivo carioca "Todas por Todas", que atua na conscientização de situações abusivas e já distribuiu cerca de dez mil materiais sobre o tema; dentre eles, o destaque foi o *violentômetro*, uma espécie de "termômetro de abusos" para auxiliar as mulheres a identificar situações de agressividade e buscar ajuda mais efetiva. Além disso, em 2016 esse grupo de meninas protagonizou a campanha #MasEleNuncaMeBateu. Cartazes e vídeos reuniram depoimentos de quem já sofreu hostilidades, que passaram despercebidas e provocaram traumas e feridas internas.

Um dos principais canais de apoio ao qual qualquer pessoa pode recorrer – sendo vítima ou não – é o Ligue 180, serviço telefônico gratuito e ininterrupto, criado em 2005 pela então Secretaria de Políticas para as Mulheres da Presidência da

República. O objetivo do Ligue 180 é funcionar como um canal direto de orientação sobre direitos e serviços públicos para a população feminina em todo o País. Desde 2014 o serviço atua também como canal de denúncia, encaminhando casos para as Secretarias de Segurança Pública e o Ministério Público de cada estado.

Perguntas e respostas sobre violência doméstica e familiar

Luanna Tomaz de Souza[*]
Níluya Cidade de Souza[**]

O presente artigo tem como objetivo responder algumas das principais dúvidas das mulheres atendidas pela Clínica de Atenção à Violência, projeto desenvolvido pela Universidade Federal do Pará (UFPA), que promove assistência jurídica, psicossocial e de saúde a pessoas em situação de violência.

Identificando a violência doméstica e compreendendo seus direitos

Uma das principais dificuldades das mulheres é, sem sombra de dúvidas, identificar e nomear as situações de violência vivenciadas. Nesse momento é fundamental o apoio de familiares e de amigas e amigos. São comuns perguntas como:

---

[*] Professora da Faculdade de Direito da Universidade Federal do Pará (UFPA), atualmente é coordenadora do Núcleo de Prática Jurídica e da Clínica de Atenção à Violência da UFPA.

[**] Graduanda em Direito pela Universidade Federal do Pará (UFPA) e integrante do Grupo de Estudos e Pesquisas Direito Penal e Democracia e do Grupo de Estudos Feminismos, Direitos e Violências da UFPA.

1. Meu marido já me bateu. Hoje não bate mais, porém fala coisas horríveis para mim. Isso é violência?

A agressão física não é a única forma de violência. A Lei Maria da Penha elenca cinco tipos de violência: física, psicológica, moral, sexual e patrimonial. Além dessas, podem acontecer outras, como a política ou a espiritual. A violência física é a mais fácil de se perceber, mas não é a mais comum. Em regra, os abusos começam com insultos e humilhações, com o controle sobre a vida da mulher ou ataques à sua autoestima. Outra dimensão pouco observada é a da violência patrimonial. É muito comum homens criarem formas de ficar com todo o controle sobre o patrimônio do casal ou destruir pertences das mulheres. Assim, são várias as formas de violência; o importante é percebê-las e enfrentá-las. Lembre-se de que você tem o direito de ser feliz.

2. O meu ex-companheiro já não mora comigo, mas continua me importunando. A Lei Maria da Penha pode me ajudar de alguma forma?

A Lei Maria da Penha pode ser aplicada em relações de âmbito doméstico (pessoas que morem sob o mesmo teto), em relações familiares (inclusive entre pessoas que não tenham laços de sangue, mas sejam consideradas da família) e relações afetivas (que podem ser com namorados, paqueras, ex-companheiros). No caso dos relacionamentos afetivos, não é preciso nem ter dividido a mesma casa ou ainda estar junto. É muito comum violências acontecerem após o rompimento das relações, por isso é importante buscar ajuda no momento em que começarem as ameaças.

3. Meu marido ameaçou me tirar a guarda das crianças. Devo temer?

É muito comum que o homem, quando sabe que a mulher quer a separação, ameace "ficar com a guarda das crianças só para ele". Isso também é uma forma de violência, pois gera um controle sobre a mulher, impedindo que ela saia da relação por medo. Não se preocupe, pois com a lei da guarda compartilhada é muito raro que a mãe não divida a guarda das crianças. Aliás, é muito comum, em casos de violência doméstica, que a mulher fique com a guarda unilateral (só para ela) devido ao comportamento do agressor.

Primeiras providências para sair da relação violenta

A partir do momento em que compreendem que estão vivendo situações de violência, muitas mulheres não sabem qual é o primeiro passo a tomar. Assim, é importante esclarecer:

1. Quero sair de casa; o que devo levar comigo?

Quando a mulher está disposta a colocar um fim na relação abusiva e sabe que precisará do sistema de justiça de alguma maneira, ela deve se preparar com antecedência e cuidado. Assim, a primeira recomendação é guardar registro de tudo o que você sofre: fotos de agressões, conversas violentas por e-mail ou telefone (é importante gravar as conversas ameaçadoras) e laudos médicos ou psicológicos. Separe seus documentos pessoais e tire cópia de documentos que comprovem o patrimônio do casal e a renda do companheiro. É muito comum, em casos de rompimento, o homem se desfazer de todas as provas, principalmente para evitar a partilha dos bens e o pagamento da pensão. Tente se preparar para esse momento e avisar para o homem que deseja a separação apenas quando você já tiver para onde ir e já tiver separado seus pertences e documentos. Nem sempre é possível, mas isso ajuda a tornar esse processo menos doloroso. Se puder, conte para alguém de sua confiança sobre o que está fazendo para ter algum apoio se eventualmente necessitar no futuro.

2. Devo fazer boletim de ocorrência se eu sair de casa? Não perco os meus direitos?

Não é mais necessário registrar a saída da casa. Antigamente isso acontecia porque se discutia "a culpa da separação". Isso hoje não importa; se a mulher decidir que não quer mais continuar na relação e sair de casa, ela continuará com todos os seus direitos. Algumas mulheres, contudo, costumam fazer uma ocorrência como uma espécie de registro de que não abandonaram o imóvel, principalmente quando este ainda é irregular e não está devidamente documentado, para que possa disputar a posse posteriormente.

3. Qual delegacia devo procurar? Posso registrar ocorrência na delegacia perto de casa?

Procure, sempre que possível, uma delegacia especializada. As DEAMs (Delegacias Especializadas no Atendimento à Mulher) ou DDMs (Delegacias de Defesa da Mulher) estão mais preparadas para esse atendimento. Você pode, contudo, fazer a ocorrência em qualquer delegacia. Se houver uma delegacia especializada no município, a polícia pode encaminhar o caso para lá após o registro da ocorrência.

4. O que devo pedir quando chegar à delegacia?

Em primeiro lugar, se você estiver com alguma marca de agressão, não deixe de pedir o encaminhamento para a perícia, para fazer o exame de corpo de delito. Isso é fundamental para provar a agressão; por isso é importante não demorar para ir à delegacia, pois algumas marcas podem desaparecer com o tempo.

Em segundo lugar, não deixe de pedir as medidas protetivas que você achar necessárias. Há muitas medidas disponíveis e o delegado tem obrigação de lhe explicar e requerer ao juízo aquelas que você escolher. As mais pedidas são as medidas que impedem o agressor de se aproximar da vítima, de manter contato com ela e seus familiares e que o afastam de casa, mas existem outras na Lei Maria da Penha, como o pedido imediato de pensão alimentícia. Além disso, podem ser pedidas outras que não estão na Lei, como a proibição de o agressor se referir à vítima em redes sociais.

Por fim, não deixe de insistir na realização do inquérito policial, se é realmente o que você deseja. Em alguns casos, são feitos os registros de ocorrência, mas não é dado seguimento à demanda com instauração do inquérito. É sempre bom voltar à delegacia em outro dia para saber se o inquérito foi instaurado e o que está sendo feito. Você pode ajudar indicando testemunhas e levando as provas que coletou. Sempre que possível, procure um advogado ou advogada para lhe ajudar desde esse momento.

5. E se o delegado se negar a fazer o boletim de ocorrência ou a instaurar o inquérito policial?

O delegado é obrigado a registrar a ocorrência e a instaurar o inquérito quando está diante de um crime. Em alguns casos, contudo, delegados se negam a fazer o registro porque acham que aquilo não é importante diante de suas ocupações. Muitos não enxergam a violência como algo cruel na vida das mulheres. Caso isso aconteça, você pode fazer uma denúncia na Corregedoria da Polícia, que obrigará a delegacia a registrar a ocorrência.

6. E se eu tornar a receber ameaças ou lembrar de situações que não foram registradas. Posso incluir?

No processo penal, cada fato gera um inquérito e um processo. Assim, se ele tornar a lhe ameaçar, faça uma nova ocorrência para que seja gerado um novo processo. Acerca dos fatos antigos, em alguns casos, o Código Penal impõe o limite de seis meses para o registro da ocorrência. Você pode, contudo, ir até a delegacia para verificar se ainda pode denunciar. Muitas vezes, agressões antigas foram mais violentas e mesmo que não haja marcas há testemunhas que podem provar o que aconteceu.

7. O que faço se estiver com medo de que ele me mate?

Em alguns municípios são oferecidas casas-abrigo, local seguro e sigiloso onde você pode ficar com seus filhos provisoriamente até o perigo passar. Procure se informar na delegacia. Nesses casos, o delegado pode pedir também a prisão provisória do agressor.

8. E se eu não quiser registrar a ocorrência, mas apenas alguma orientação?

Procure se informar sobre os serviços disponíveis no seu município. Você pode procurar a Defensoria Pública, se quiser informações jurídicas sobre seu caso. Pode procurar também o CRAM (Centro de Referência de Atendimento à Mulher) ou os serviços de assistência social, como o CRAS (Centro de Referência de Assistência Social) e o CREAS (Centro de Referência Especializado de Assistência Social). Você também pode acionar gratuitamente o Ligue 180 para saber da rede de serviços à sua disposição e receber algumas orientações; não é preciso nem se identificar. Esses serviços são importantes para que você receba algum apoio psicossocial e siga fortalecida em suas demandas. É direito seu estar informada sobre os caminhos possíveis para resolução dos seus conflitos. Não lute sozinha!

9. Posso dar queixa só para dar um susto ou voltar atrás depois da ocorrência?

Isso depende do tipo de crime. Nos casos de crime contra a honra (injúria, calúnia e difamação), você pode registrar a ocorrência e depois desistir a qualquer tempo do processo. No crime de lesão corporal, a partir do momento em que você registra a ocorrência o caso será investigado, independentemente de sua vontade. Por mais que você tenha receio de que ele vá preso, saiba que na maioria dos casos isso não ocorre, porque as penas são baixas, mas o fato de fazer o registro já o inibe de cometer um ato de violência contra você. Além disso, é bom ter registradas as situações de violência pelas quais você passou para que depois ele não diga que nunca ocorreram. Mesmo que você queira desistir no futuro, ter o registro desse momento pode lhe ajudar, por exemplo, em caso de divórcio.

Tirando dúvidas sobre direitos e medidas judiciais

Após as primeiras providências, vários processos podem ser gerados, o que pode ser bastante confuso e difícil de administrar. A assistência jurídica é fundamental nesse momento, para que a mulher siga bem informada sobre o que está acontecendo e tome as medidas mais adequadas para o seu caso. Algumas das perguntas mais frequentes nesse momento são:

1. Ir à delegacia é suficiente para resolver o meu caso?

Em regra, os casos de violência doméstica e familiar são complexos e o processo criminal por si só não consegue resolver tudo. A Lei Maria da Penha trouxe a ideia de que as varas de violência doméstica deveriam resolver todo o conflito, mas na prática isso não funciona assim. Hoje as varas concentram-se na questão criminal (a pena), o que exige que a mulher tenha que dar entrada em outros processos.

Em muitos lugares, o pedido de medida protetiva gera um processo autônomo, por isso as mulheres podem ser chamadas para audiências que discutirão somente a medida protetiva, sem falar do fato criminoso ou do divórcio.

Uma questão que também não pode ser descuidada é como acontecerá o divórcio, ou, nos casos em que as pessoas não se casaram legalmente, a dissolução da união estável. Para resolver essa situação, a mulher deve contratar um advogado ou solicitar ajuda à Defensoria Pública, se não tiver recursos. A ação vai discutir questões como: a mudança de nome (se a mulher deseja voltar a usar o nome de solteira), a partilha dos bens, a guarda das crianças, o direito de visita, a pensão alimentícia, entre outras.

Em alguns casos, é possível que sejam gerados ainda outros processos. Se a mulher trabalha com o agressor, isso pode gerar uma ação trabalhista, por exemplo. Se ele é servidor público e isso envolve de alguma forma o trabalho dele, pode acontecer uma ação administrativa.

Muitas pessoas ficam confusas com uma quantidade maior de processos. É preciso ter organização e orientação. Busque sempre assistência e tire todas as suas dúvidas durante os atendimentos. Guarde em uma pasta todos os documentos originais ou cópias que envolvem o seu caso. Eles poderão ser úteis em algum momento.

2. E se eu não quiser fazer o processo criminal? Posso fazer somente as demais ações?

Sim, caso você decida apenas entrar com o processo de divórcio, por exemplo, ou o pedido de medida protetiva, basta procurar assistência jurídica e você será orientada.

3. Eu solicitei medida protetiva, mas ele não respeita. O que devo fazer?

Em 2018, o descumprimento da medida protetiva tornou-se um crime autônomo. Assim, se ele descumprir as medidas protetivas, você poderá comunicar às autoridades policiais e isso pode inclusive levá-lo à prisão em flagrante.

4. Tenho direito à pensão alimentícia para mim?

Hoje em dia grande parte das decisões judiciais aplica a pensão alimentícia somente para os filhos menores de 18 anos (ou até 24 anos quando estão estudando). Muitos juízes entendem que as mulheres não têm direito à pensão porque teriam condições de trabalhar e auferir seu sustento. Algumas mulheres, contudo, conseguem demonstrar judicialmente que deixaram de trabalhar por causa do marido ou companheiro e ganham esse direito. Alguns homens muitas vezes desestimulam que as mulheres tenham seu próprio sustento. Isso é um mecanismo de violência e controle. Assim, passados muitos anos, essas mulheres têm dificuldade de se reinserir no mercado de trabalho e precisam da pensão para se manter. Por isso é fundamental trabalharmos nossa autonomia financeira e lutarmos pelos nossos direitos no momento do divórcio.

5. Posso pedir alguma forma de reparação financeira também pelo que eu sofri?

Pode sim; muitas mulheres têm solicitado judicialmente a reparação pelo dano moral e material. Em alguns casos, por exemplo, o homem destrói pertences pessoais da mulher, faz com que seja demitida do emprego, apropria-se do dinheiro que ela recebe. Nesses casos, ela pode pedir a reparação material de tudo o que perdeu. Deve, para tanto, apresentar provas e pedir o valor correspondente ao que perdeu.

De outro lado, por mais que não haja prejuízos materiais, muitas mulheres sofrem danos morais. Seus companheiros, por exemplo, as humilham publicamente, as ofendem na frente de seus familiares e amigos ou atingem tanto sua saúde mental que muitas precisam de tratamento psicológico ou psiquiátrico. Nesses casos, a mulher pode pedir um valor correspondente a tudo o que sofreu com essa agressão. É também importante ter provas, como testemunhas ou laudos psicológicos.

6. Terei que dividir minha casa? Como ficam meus filhos nisso?

Depende do regime da união. Se o casal vivia em união estável, todos os bens contraídos após a união serão divididos. Se foi decidido no casamento ou em acordo extrajudicial que o regime seria de comunhão parcial, todos os bens havidos depois da união serão divididos. Se a decisão foi pelo regime de separação total, cada bem ficará com quem o adquiriu.

Isso é algo que, em regra, causa muita angústia. Há muitas mulheres que viveram anos em uma relação violenta e não aceitam ter ainda que dividir o único bem do casal (a casa) com o agressor, sendo que sabem que ainda terão que tomar conta sozinhas dos filhos. Nesses casos, é possível pedir a reparação do dano como medida compensatória. Assim, mesmo que o agressor não tenha renda ou algum dinheiro para a reparação, ele pode ceder para a mulher a parte dele da casa como compensação.

7. Ele insiste em ver as crianças, mas tenho medo, pois quando se aproxima me ameaça ou ofende. O que posso fazer?

Caso ele faça alguma ameaça direta, não deixe de registrar uma nova ocorrência policial. Se você sente medo da situação, pode pedir provisoriamente a medida protetiva que o impedirá de se aproximar dos filhos até que se discuta a questão do direito de visita na justiça. Lembre-se também de que o direito dele é de ver as crianças e não você; por isso, podem-se criar dinâmicas em que ele encontre as crianças em lugares em que você não esteja e evitar conversas pessoais ou por telefone. Você pode decidir, por exemplo, que as conversas serão por e-mail, por mensagens ou por terceiros. Muitos homens usam o direito de visita para agredir as ex-companheiras. Sinta-se forte para impedir!

Se ficar o bicho pega; se correr o bicho come: quando e como sair de uma relação violenta

Denice Santiago Santos do Rosário[*]

Ao feminino muito foi negado. Ao feminino também muito foi dado. Mas aqui fica a grande discussão: o que nos foi "dado" adveio da percepção do masculino do que seria bom ou ruim para nós. Dessa forma, não é uma tarefa fácil entender (ou perceber) que somos na verdade produtos do pensamento masculino, do entendimento da maioria das civilizações forjadas no patriarcado e, logo, no machismo, como ponto fundamental de ciência. É importante primeiramente compreender que a abordagem patriarcal não é biológica, mas uma construção cultural que decorre do subjugo da mulher durante anos na história da humanidade.

Esta dinâmica da construção social dos gêneros nos trouxe até a violência doméstica e familiar contra a mulher. O patriarcado e suas facetas fizeram com que a sociedade atribuísse aos

---

[*] Major da Polícia Militar do Estado da Bahia, é a idealizadora e atual comandante da Ronda Maria da Penha da PMBA.

homens poder, força e supremacia em relação às mulheres, fazendo com que nós estejamos em um lugar de subordinação política, profissional e, por que não dizer, existencial em relação aos homens.

Essa subordinação manifesta-se a partir do cotidiano, da construção subliminar das relações de poder em nossa vida. Desde sempre ouvimos histórias em que as mulheres são salvas e protegidas por homens (os "príncipes encantados"). Mulheres que, a despeito da sua própria força e interesse, precisam que outro ser (masculino) as liberte de maldições e vilões que as ameaçam. Se pensarmos em um processo subliminar, ensinamos diariamente as nossas meninas que elas precisam (tal qual suas amadas princesas) de um príncipe encantado para defendê-las e protegê-las, que viver sem eles é estar fora desta redoma social de pertencimento e sucesso. Aos nossos meninos, uma condição cultural privilegiada: já que elas precisam deles, eles devem ficar tranquilos que todas iremos procurá-los. Isto gera algo que chamo aqui de "poder do masculino", e este poder, invariavelmente, vai gerar a violência doméstica e familiar contra a mulher e outras violências de gênero.

"Mas... nem na nossa a gente pode bater?"

Em um evento do qual participei no interior do estado da Bahia, ao final de minha fala sobre a Lei Maria da Penha e seu significado social, um senhor, que deveria ter entre 50 e 70 anos (não sei precisar já que se tratava de um trabalhador rural), levanta, elogia o trabalho, elogia a lei e me pede permissão para perguntar. Nesse momento eu estava feliz demais com as palavras e elogios dele e respondi entusiasmada: "Claro!". E eis que sou surpreendida com a pergunta:

"A lei tá certa, tá errado mesmo agredir mulher, mas... nem na nossa a gente pode bater?".

Este é um exemplo de como este poder do masculino está estruturado e muito bem assentado em nossa sociedade. Aquele senhor (que não falou em tom de brincadeira) ainda se questionou se violentar a "sua mulher" era errado; mas muitos ainda pensam e agem como se não o fosse, como se fosse direito e, até mesmo, sua obrigação. Respondi comparando a violência doméstica com outros atos que ele negou praticar, como roubar e matar, por serem crimes: "Então, bater em sua mulher também é crime!".

A Lei Maria da Penha, Lei n. 11.340/2006, é um divisor de águas em nossa cultura, pois, ao trazer para o debate a violência doméstica, ela deixou visível à sociedade uma mácula social que silenciosamente vem destruindo vidas e que vinha (vem) sendo permitida pela sociedade.

Muito além da violência física

A sociedade tem por critério entender como ações violentas apenas aquelas relacionadas à parte física. Esta talvez seja a única que é criticada pelas pessoas e rotulada como "absurda". Mas a Lei Maria da Penha, em seu artigo 7º, vem nos relatar cinco formas de violência doméstica e familiar contra mulheres.

A *violência física* é a que deixa no corpo as suas marcas, como dar socos, pontapés ou empurrões, beliscar, empurrar, puxar cabelo, atirar objetos, queimar com artefatos ou líquidos quentes, ou seja, tudo o que estiver relacionado a agressões ao corpo físico da pessoa.

Quando a mulher é caluniada, difamada ou ouve uma injúria de seu agressor, quando ela é ridicularizada na rua, em seu meio social, no bar da esquina, no grupo de amigos – "Sabe fulana? Aquilo ali se não casasse comigo era mulher da vida". "Ladra!!! Roubou todo o meu dinheiro." – trata-se de *violência moral*: Lei Maria da Penha.

Na minha prática profissional diária, protejo mulheres que escondem suas compras dos maridos – compras estas que fazem com o dinheiro delas, pelo desejo delas – para não serem criticadas e ridicularizadas por eles. Acompanho uma mulher da chamada "classe A" que não comprava sapatos porque o ex-marido reclamava. Detalhe: o dinheiro era/é dela! Ela comprava e escondia na casa de uma amiga; quando queria usar, passava e pegava; depois retornava e escondia novamente. Quebrar aparelho celular, rasgar ou reter documentos, escrituras; controlar o cartão de crédito e as finanças: o nome desta violência é *patrimonial*.

Uma pausa aqui nos tipos de violência para explicar um fato importante e desfazer um antigo mito, o de que a violência doméstica só acontece com mulheres pobres e sem instrução. Todas as pesquisas comprovam que a violência doméstica é uma endemia e, como tal, está presente em todas as classes sociais, etnias, religiões e profissões. Não está restrita a um perfil específico – muito embora seja importante compreender e enfatizar as interseccionalidades, isto é, as violências acumuladas a que a mulher, especialmente a mulher preta, está sujeita –, a não ser ter nascido mulher.

Retomando os tipos de violência, a tradição nos ensina que quando uma mulher casa ela tem obrigação de ter relações sexuais com seu marido. Errado. Em uma relação, o pressuposto é que as duas partes devem estar felizes e satisfeitas; uma relação de amizade, uma relação comercial, uma relação política: para ambas as partes a relação deve ser voluntária e trazer benefícios. Mas não raro ouvimos relatos de mulheres que têm relações sexuais com seus maridos por medo de "perdê-lo para a outra" ou ouvimos sempre, de nossas mães e amigas ou de experiências outras, que se "não fizer sexo em casa, ele vai acabar fazendo na rua". Por conta dessa tradição, muitas de nós terminamos por permitir relações sexuais sem que isso também seja prazeroso; muitas vivem sem ter – de fato – uma relação de verdade, mas que apenas satisfaz um dos lados. Por vezes também há o registro de estupro conjugal. Sim! É possível que um marido estupre sua mulher, e isso é menos raro do que se pensa.

Proibir o uso de métodos anticoncepcionais também é *violência sexual*. Acompanho um caso de uma garota de 23 anos que já tem cinco filhos, tudo porque o companheiro dizia que, se tomasse remédio, ela iria "sair dando para todo mundo". Acompanho outra garota que era obrigada a ter relações sexuais com o traficante da cidade para quitar a dívida do parceiro. Estupro conjugal, proibir o uso de métodos contraceptivos, forçar a mulher a ter relações sexuais com outro para benefício próprio: tudo isso é violência sexual: Lei Maria da Penha!

Violência psicológica também deixa feridas

Aqui registrei as violências física, moral, patrimonial e sexual. A quinta prevista na Lei Maria da Penha (mas não a última) é a que entendo como mais danosa, pois ela perpassa todas as outras e pode estar presente desde o primeiro dia da relação: a *violência psicológica*.

"Você é louca!"; "Eu levar você comigo? Só se fosse doido, você não fala nada que preste!"; "Gorda e feia, isso sim... não sei por que casei contigo!". Chamar de histérica, desacreditar a mulher em suas potencialidades, criar feridas psíquicas tão severas que a cicatrização é difícil: estas são algumas das características da violência psicológica.

Frequentemente disfarçada de cuidado, amor ou ciúmes, a violência psicológica está nas atitudes cotidianas. É o "simples" exigir do envio de *selfie* e localização quando sai com as amigas, sob a desculpa de querer ver se ela está bonita ou feliz. É o mandar trocar a roupa porque "não combina" ou o clássico "mulher minha não sai assim" (e gostamos de ser "mulher de alguém"). Essas ações vão nos descaracterizando, nos tornando a imagem que o outro quer, não a nossa, e não importa se quando se conheceram você era diferente, livre; a violência psicológica vai agir para que você se mutile a tal ponto que passa a ser, de fato, louca, histérica, gorda, desequilibrada.

A percepção da própria mulher talvez seja a chave para identificar o relacionamento abusivo, já que ela se dá conta quando vê o olhar feio do marido, caso diga ou vista algo que o agressor não gosta; está no tapa forte sobre a mesa, na porta batida com força, no carro que arranca em velocidade. Nessas demonstrações de força o recado é claro: "Estou batendo na mesa/porta/carro agora, mas na próxima vai ser em você". Protejo uma mulher que conviveu vinte anos com um marido violento, e ela relata que o marido "nunca me bateu". Mas, quando ele abria a porta da casa, quando a mulher ouvia o tilintar das chaves, ela começava a tremer, pois a comida tinha que estar na temperatura que ele queria, os meninos arrumados, a casa sem poeira, a televisão no canal "dele"; caso não, ele gritava, ameaçava, quebrava móveis. Imaginemos a quantas "surras" esta mulher foi submetida sem que ele a agredisse fisicamente.

Identificar essa violência tem relação direta com escutar o seu corpo; ele fala conosco sempre. Se o namorado/marido/companheiro ligar e a sensação que a mulher sentir não for de felicidade; se ela tiver que mentir sobre onde está, com quem está ou como está vestida, por exemplo, há algo errado. Se o diálogo for possível, ela deve conversar com o parceiro, informar o que está sentindo. Caso isso já não seja possível, se esta possibilidade não existir, ela deve sair dessa relação. E, se a violência já estiver instalada, denunciar!

Denúncia: porta de saída da relação violenta e de entrada para um recomeço

A denúncia é uma importante porta de saída e, ao contrário do que ouvimos e é ensinado em nossa cultura, a mulher que denuncia não "destrói" a família, não "prende" nem "prejudica" um pai de família. Ao contrário, ao denunciar, a mulher está salvando sua família e, no mínimo, salvando duas vidas: a dela e a do agressor. Sem considerar seus filhos e filhas (caso existam), pois crescer em lares violentos tende a criar seres que aceitam e/ou praticam violência.

Para a denúncia a mulher deve levar provas que a assegurem. No caso de violência física, primeiro é preciso realizar o exame de corpo de delito, pois como sinaliza a delegada Eugênia Villa, do estado do Piauí, em casos de violência doméstica o corpo da mulher é o "local do crime" e, sendo assim, é nele que estão as provas do que ela sofreu. É importante que a mulher denuncie imediatamente e que faça o exame o mais breve possível para que não se percam evidências, inclusive se houve violência sexual. Sei que somos impelidas a nos lavar, a retirar de nosso corpo as marcas de nossa vergonha e dor, mas para que, em caso de processo legal, consigamos de fato comprovar a violência, é importante permitir e auxiliar na coleta das provas, em especial as que estão em nosso corpo. *Print* de telas, áudios e vídeos também são itens que contribuirão para a denúncia na delegacia.

Também são importantes as testemunhas. Aqui existe um tabu: vizinhos, parentes e amigos tendem a não querer servir como testemunha para "não se meter na relação". É importante compreender que devemos ser a "colher", já que, como disse, estamos no mínimo salvando duas vidas ao ajudar nessa denúncia.

Medidas protetivas são muito mais que um pedaço de papel

Uma importante inovação da Lei Maria da Penha é a possibilidade de concessão pela justiça de medidas protetivas de urgência (MPUs), em no máximo 48 horas após o envio da solicitação pela instituição responsável. Importante: a MPU tem que ser solicitada pela mulher. Esta medida vai dar à mulher uma decisão judicial que pode proibir o agressor de se aproximar dela, de ter posse de arma de fogo ou de entrar em contato por meio presencial ou digital; pode determinar a retirada dele do lar e seu afastamento, independentemente de propriedade sobre o imóvel; ou definir outras ações que visem proteger a mulher e lhe dar segurança para continuar o processo judicial sem novas violências.

A teimosia do masculino (e do feminino, quando a agressora for uma mulher, no caso de relações homoafetivas também previstas no art. 5º da Lei Maria da Penha) obrigou à criação, em abril de 2018, do crime de "descumprimento de medida protetiva". Trata-se de um novo tipo de crime, que faz o agressor ser responsabilizado não só pelo crime de violência doméstica e familiar, mas também pelo descumprimento da MPU; dessa forma, serão dois processos, duas infrações com penas diferentes.

A Ronda Maria da Penha (assim chamada na Bahia, mas que em outras regiões pode levar o nome de Patrulha ou Guardiã Maria da Penha) originou-se da lacuna entre a decisão judicial e esta teimosia. Sem a Ronda, os agressores, mesmo devidamente notificados sobre a MPU, tendiam a desconsiderá-la, argumentando que era "apenas um pedaço de papel". A Ronda vem para garantir que a ordem judicial seja mais que um pedaço de papel, que seja de fato efetiva e que a mulher possa seguir em segurança.

A importância do trabalho de prevenção

Na Bahia, esse entendimento acopla ao serviço também ações de prevenção. O combate à violência contra a mulher, com visitas à residência e até mesmo a prisão do agressor, não é suficiente no enfrentamento dessa violência. É preciso promover ações que modifiquem as relações socioculturais que mantêm vivos o patriarcado e o machismo das relações. É importante que tanto as mulheres como os homens possam dialogar e refletir sobre este fenômeno tão nefasto em nossa sociedade. Com isso em mente, a Ronda da polícia baiana realiza projetos e ações de sensibilização e capacitação (interna e externa) sobre o enfrentamento, como: o Ronda para Homens, oficina conduzida por policiais militares masculinos e dirigida exclusivamente para homens, em que se discute o fenômeno da violência doméstica e como os homens podem mudar essa realidade; o Jogo do Espelho, que "mostra" às mulheres como identificar relacionamentos abusivos e a compreender o funcionamento da Rede de Atendimento à

Mulher que está em situação de violência; o Projeto Salvando Marias, que visa capacitar a tropa de toda a PM sobre o atendimento humanizado e humanitário em casos de violência doméstica, uma vez que este tema não é evidenciado no processo de formação de oficiais e praças; a Ciranda Rural com a Ronda, que vai aos quilombos, assentamentos e comunidades de marisqueiras e pescadores para dialogar sobre a temática, além de outros locais distantes e por vezes sem assistência do Estado de forma integral, sem energia elétrica, de difícil acesso e sem escolas de qualidade; o Transmutar; o Mulheres de Coragem; o Papo com a Ronda; o Na *Vibe* da Ronda...; enfim, diversas ações que vão dialogar com públicos variados. A ideia é que, em algum tempo (que nem me atrevo a precisar), a Ronda Maria da Penha seja desnecessária. Que vivamos em uma sociedade em que as leis e a força policial não precisem proteger mulheres daqueles que elas escolheram para viver ao seu lado.

O que fazer quando se decide romper com a relação violenta?

Mas ainda existimos. Estamos aqui. E precisamos ajudar a responder a pergunta que aflige tantas mulheres: "O que fazer quando tomamos a decisão de denunciar e sentimos medo, sentimos que estamos correndo riscos maiores do que o de estar nessa relação?".

Esta é uma das maiores dúvidas das mulheres. Por vezes, elas não confiam ou nem sabem que existe uma rede que pode abrigá-las, protegê-las e custeá-las, por exemplo.

A discussão sobre abrigamento é delicada, já que as normas de uma casa abrigo requerem que esse local seja em endereço sigiloso e as mulheres parecem estar presas dentro dela, sem contato com parentes e amigos, ou sem a possibilidade de coisas simples, como ter um telefone celular ou ir ao trabalho. Mas, acreditem: a casa abrigo é uma política importantíssima para evitar o feminicídio! E, se ao deixar tudo para trás a mulher pode salvar a sua vida (e dos seus filhos), ela não deve hesitar!

Há também o medo de não ser aceita socialmente. Construiu-se uma mística de que uma mulher "largada" é um problema social: para os homens, ela estaria disponível; para as mulheres, ela seria um risco a seus casamentos. O medo de ter que criar os filhos sozinha e sem o apoio financeiro do genitor também é um dos fatores que fazem com que ela tenda a recuar em sua denúncia ou decisão de sair da relação. Mais um equívoco de análise. O homem que fez uma vez, após o "perdão" fará de novo e sempre. E um dado importante: quem ameaça faz! A mulher não deve duvidar das ameaças, não pode duvidar da capacidade dele de ferir. Ele precisa reafirmar socialmente a sua masculinidade; se ele diz que fará algo caso ela não ceda ou não obedeça, e ela fizer o certo – isto é: não ceder –, ele vai sim querer concretizar a ameaça, pois não quer desmoralizar-se, mesmo que isso o leve a cometer um crime. A mulher deve ficar atenta e, mais uma vez, denunciar.

Um dos procedimentos iniciais que adotamos na Ronda Maria da Penha, ao inserir a mulher em nosso rol de protegidas, é fazer com ela a avaliação de risco e seu plano de segurança. Por que com ela? Isto não seria revitimização, fazê-la reviver todo o sofrimento? Não. Porque ninguém conhece e sabe mais – ainda que por vezes no plano do inconsciente – sobre sua situação de violência que a própria mulher que vive esta situação. Avaliar os riscos que o agressor traz e as vulnerabilidades em que seu cotidiano a coloca é imprescindível à mulher no processo de proteção. O agressor é tal qual um bicho ferido, maculado em sua "macheza" e em sua imagem social; para o imaginário do machismo ele "precisa limpar sua honra".

A Lei Maria da Penha é um avanço, fato; é um divisor de águas, fato; mas ela requer ações. A Lei Maria da Penha requer que avaliemos a conjuntura social e como o patriarcado age como um microssistema que tenta sobreviver a cada ataque que o empoderamento feminino faz a ele. Esse agressor poderá tentar voltar a agredir a mulher, e a polícia e a justiça não são onipresentes, não estarão perto todo o tempo. O plano de segurança é essa atuação protagonista da mulher em apoio a sua própria proteção.

No plano de segurança avaliamos a rotina da mulher e criamos com ela alternativas de mudança dessa rotina: mudar itinerários e horários de ida e volta do trabalho ou da aula; modificar (mas nunca eliminar) os locais de diversão que frequenta; criar códigos com uma amiga para avisar quando entender estar em perigo; ensinar filhos para qual número ligar e quando devem fazê-lo para se proteger; enfim, pequenas mudanças comportamentais que podem ajudar em muito em sua proteção. De início as mulheres pensam que essas ações são complicadas e até mesmo assustadoras, mas não são e é importante desconstruir isso. Ao adotar medidas de proteção, como, por exemplo, não publicar novos relacionamentos ou sua localização em redes sociais, ao não expor sua vida social e até mesmo profissional nessas mesmas redes, a mulher se protege ao entender que o "bicho homem" está ferido, e que provocá-lo ainda mais poderá atiçar uma fera, e sua vida vale mais. Ela deve pensar que é temporário. Tudo passa.

Ninguém dá um salto sem pegar impulso. Para pegar impulso ou nos abaixamos ou andamos para trás. A avaliação de risco e o plano de segurança são este recuo. Acreditem: de lá de cima, em paz, essas mulheres vão entender melhor.

Uma carta de homem pra homem: você, assim como eu, é parte do problema

Guilherme Nascimento Valadares[*]

O mais difícil de me tornar um homem que atua pelo fim da violência contra as mulheres foi me reconhecer como parte do problema. Não é o outro, não está lá fora, está aqui dentro.

Precisei olhar de frente para as ocasiões em que fui agressivo com uma mulher, de modo mais sutil ou escancarado. Entender o machismo presente em mim quando insistia para dirigir após beber, pois "quem pega no volante é o homem" – mesmo que minha companheira estivesse junto e achasse ruim. Quando xinguei, gritei e quebrei objetos em casa, fui injustificavelmente machista.

São histórias do passado, que representam uma pessoa que não sou mais. Entretanto, fingir que isso não aconteceu seria jogar fora as oportunidades de reflexão, de pedir desculpas, de assumir meus erros e me comprometer a agir de outro

---

[*] Fundador do portal *PapodeHomem*, pesquisador e professor de equilíbrio emocional.

modo. Ainda hoje, tenho atitudes machistas que necessitam ser superadas. Quando você afina seu olhar, começa a notar aspectos mais sutis do problema.

Não haveria como escrever um texto para este livro sem começar me colocando vulnerável e assumindo responsabilidade pelo que já fiz. Afinal, vou pedir a mesma coisa dos homens que estejam lendo estas palavras: que tenham a dignidade de assumir suas ações e posturas agressivas, tomando consciência de suas falhas para que possam agir de outro modo no futuro.

Seria mais fácil e seguro não fazer isso, mas talvez escrevesse apenas outro texto falando o que já se vê no noticiário. E se há algo que aprendi em mais de doze anos trabalhando com os homens, é que a ferramenta mais poderosa para iniciar uma mudança na sociedade é tocar o coração de outra pessoa.

Minha conversa com você não é sobre culpa, a proposta não é ficarmos remoendo o passado sem olhar para a frente. Estou falando sobre a responsabilidade e a coragem necessárias para construirmos o futuro que desejamos. E talvez seja trabalho para toda uma vida conciliar a maneira machista como fui criado e o mundo no qual aspiro viver. Um lugar em que homens e mulheres tenham as mesmas oportunidades e direitos políticos, sociais e econômicos. Um mundo em que as mulheres não tenham medo de sair sozinhas à noite.

Vivemos em um país em que as mulheres sofrem violências diariamente, nas mãos de homens em quem elas *escolheram* confiar. Praticamente metade das agressões acontece no ambiente doméstico, segundo dados do Fórum Brasileiro de Segurança Pública. Maridos, ex-maridos, pais e amigos queridos são os principais autores. Não estamos falando de monstros numa rua escura. A tragédia está dentro de casa, praticada por homens comuns, de todas as idades, classes sociais e regiões do país.

Gostaria de ter lido o que escrevi a seguir vinte anos atrás. Espero que homens jovens, homens feitos e também os mais velhos sejam sensibilizados por estas palavras de algum modo.

Acima de tudo, escrevo para os homens que, assim como eu, não se achavam parte do problema.

Ainda não compreendo.
Quais atitudes posso ter que me tornam parte do problema se nunca cometi uma agressão?

Listo onze exemplos de violências contra mulheres, dentre vários outros possíveis. Todos são coisas que fiz, assim como observei vários homens próximos fazendo na família, no ambiente de trabalho e na rua.

1. Fazer uma piada que diminui as mulheres apenas por serem mulheres, mesmo que seja só no seu grupo de amigos do futebol.
2. Espalhar essas piadas pela internet.
3. Consumir pornografia que objetifica as mulheres, como se os únicos desejos delas fossem ser satisfeitas, abusadas e desejadas por um homem.
4. Espalhar vídeos íntimos de mulheres feitos por seus parceiros e ex-parceiros, que muitas vezes divulgam as imagens como forma de vingança.
5. Não respeitar quando uma mulher diz "não" a um avanço de sedução ou sexo.

6. Invadir as mulheres em espaços públicos com seu olhar, como se elas estivessem à mostra num açougue.
7. Ser incapaz de nutrir amizades sinceras e profundas por mulheres sem que haja nenhum tipo de atração.
8. Achar que "coisa de mulher" é o que você acha e não o que a mulher quiser fazer, no exercício pleno de sua liberdade. E, pior, pensar que, se ela não age "como deveria", é menos mulher e menos digna.
9. Esperar que a mulher seja a responsável pelos cuidados do lar ou dos filhos. Pensar que homem "ajuda" em casa, não entendendo que é obrigação dele dividir os cuidados.
10. Considerar uma mulher menos comprometida com a empresa se ela não estiver disposta a fazer tantas horas extras quanto os homens — mesmo que ela seja mãe. Considerar uma mulher menos capaz quando ela precisa sair mais cedo por enfrentar graves cólicas menstruais.
11. Considerar uma mulher menos apta a liderar, se ela não for capaz de ser agressiva e dura como um homem, pensar que o único jeito de ser produtivo e lucrativo em uma organização é agindo como um general do exército. E, se a mulher for muito feminina, talvez o ambiente corporativo da diretoria não seja o mais adequado para ela. Quem sabe no RH se encaixe melhor, não?

Quantas destas atitudes você já teve em sua vida?

Se não se identifica com nenhuma das ações listadas (*truco!*), mas seguidamente escolhe ficar em silêncio, sempre se omitindo diante de homens que agem desse modo e nunca dizendo uma vírgula em contrário, você se torna cúmplice dessa estrutura.

Não podemos ignorar que 85% das cadeiras de nosso atual Congresso Nacional são ocupadas por homens. Quando buscamos por mulheres em cargos de CEOs e de diretorias executivas no Brasil, encontramos apenas 16%, segundo a pesquisa *International Business Report – Women in Business*, da Grant Thornton, realizada em 2017. O salário médio de uma mulher no Brasil em 2019 é de R$ 2.050,00 segundo o IBGE. O dos homens é R$ 2.479,00.

Todas essas posturas e atitudes representam maneiras pelas quais ajudamos a sustentar uma cultura que coloca o masculino no topo e reserva ao feminino posições submissas ou, na melhor das hipóteses, espaços de destaque para executar o que outros homens devem determinar.

Isso é fruto de uma cultura machista, que torna as mulheres mais vulneráveis a diversas violências, assédio e abusos.

Teste rápido: 10 perguntas para saber se você é mais apoiador do machismo ou do feminismo

O teste abaixo nos ajuda a quebrar mitos. Foi adaptado pelo escritor Alex Castro, a partir da criação da professora e doutora em Direito Cynthia Semiramis. Sem mais delongas, vamos lá.

Você concorda que:

1. Mulheres devem receber o mesmo valor que homens para realizar o mesmo trabalho?
2. Mulheres devem ter direito a votar e ser votadas?
3. Mulheres devem ser as únicas responsáveis pela escolha de suas profissões, e que essa decisão não pode ser imposta pelo Estado, pela escola e nem pela família?

4. Mulheres devem receber a mesma educação escolar que os homens?
5. Cuidar das crianças deve ser uma obrigação de ambos, o pai e a mãe?
6. Mulheres devem ter autonomia para gerir seus próprios bens?
7. Mulheres devem escolher *quando* e *se* querem ser mães?
8. Mulheres não devem sofrer violência física ou psicológica por se recusar a fazer sexo ou por "desobedecer" o pai ou marido?
9. Tarefas domésticas são de responsabilidade dos moradores da casa, sejam eles homens ou mulheres?
10. Mulheres não podem ser espancadas ou mortas por não quererem continuar em um relacionamento afetivo?

Caso tenha respondido SIM para a maioria delas, saiba agora que você é um apoiador do feminismo. "Naturalmente, praticar e viver e defender o feminismo não se resume a dizer 'sim' a esses tópicos, mas já é um primeiro passo", explica Alex Castro, em seu excelente e didático texto "Feminismo para homens, um curso rápido" (disponível em: https://papodehomem.com.br/feminismo/).

O machismo pode ser entendido como um sistema cultural que define o masculino como superior ao feminino. Significa achar que os homens são mais fortes, capazes e aptos a liderar e comandar pilares cruciais da sociedade, como a economia, as ciências, a política e até mesmo as principais decisões do lar. Ou seja, é considerar os homens acima das mulheres.

Feminismo é o movimento que luta por direitos e oportunidades iguais para todos os gêneros, tendo as mulheres como protagonistas, pois são elas que não podiam votar, trabalhar e nem sequer estudar sem autorização dos pais e maridos até pouco mais de cem anos atrás. Não podiam determinar o próprio futuro sem que um homem as autorizasse a isso.

Quando em dúvida sobre o lado em que você está, recorra às dez perguntas acima. Elas refletem algumas das principais lutas feministas. Leve esse teste para o bar e converse com seus amigos para investigarem conjuntamente a lógica por trás de cada uma das perguntas; aposto que vai render bons papos.

Mas a violência contra as mulheres ainda é um problema tão grande assim no Brasil?

Uma mulher é vítima de estupro a cada 9 minutos. Uma mulher registra agressão sob a Lei Maria da Penha a cada 2 minutos. Três mulheres são vítimas de feminicídio por dia.

"Feminicídio" refere-se ao assassinato de mulheres e meninas em contexto de violência doméstica e/ou em função do menosprezo ou discriminação à condição feminina. É um agravante do crime de homicídio. Tivemos 1.133 ocorrências em 2017, segundo o Fórum Brasileiro de Segurança Pública.

Metade de todas as adolescentes do país já foi assediada, segundo o Datafolha.

Estima-se que 16 milhões de brasileiras com 16 anos ou mais sofreram algum tipo de violência em 2018. Os agressores eram conhecidos dessas mulheres em 76% dos casos e 42% delas foram agredidas em casa. As principais vítimas de todas essas violências são as mulheres negras – não há como separar a nossa condição socioeconômica e cor de pele dessa conversa. Todos os dados deste parágrafo são fruto da pesquisa "Visível e invisível: a vitimização de mulheres no Brasil

– 2ª edição", divulgada em 2019 pelo Fórum Brasileiro de Segurança Pública e Datafolha.

Sim, a violência contra elas está em todos os lugares, ainda que muitas vezes seja varrida para debaixo do tapete. Experimente perguntar a seus familiares e amigos próximos, quando estiver num contexto íntimo, sobre episódios que eles já viveram ou viram acontecer.

Quero ser parte da solução desse problema. O que posso fazer, na prática?

Sugiro três coisas. Abrimos essa pergunta para a comunidade de leitoras e leitores do portal *PapodeHomem*, em nossas redes sociais (https://papodehomem.com.br/). Abaixo selecionei as mais relevantes, dentre as inúmeras recebidas.

Primeiro. Escute as mulheres, sem interrompê-las. Quando achar que já entendeu, faça mais perguntas sobre o que elas passam em seu cotidiano e com quais obstáculos lidam. Quando pensar que é "mimimi" ou exagero, respire fundo e se abra para a possibilidade da vivência dela ser distante do que você supõe.

Segundo. Reconheça as diferentes violências que podem ser cometidas, mesmo as mais sutis.

A Lei Maria da Penha (Lei n. 11.340/2006) é a principal legislação brasileira para enfrentar a violência contra a mulher. A norma é reconhecida pela ONU como uma das três melhores legislações do mundo no enfrentamento à violência de gênero. Entenda algumas das agressões previstas na lei, conforme explicadas no portal do Governo Brasileiro (www.brasil.gov.br):

1. Humilhar, xingar e diminuir a autoestima

   Agressões como humilhação, desvalorização moral ou deboche público em relação à mulher constam como tipos de *violência psicológica*.

2. Tirar a liberdade de crença

   Um homem não pode restringir a ação, a decisão ou a crença de uma mulher. Isso também é considerado como uma forma de *violência psicológica*.

3. Fazer a mulher achar que está ficando louca

   Há inclusive um nome para isso: o *gaslighting*. Esta é uma forma de *abuso mental* que consiste em distorcer os fatos e omitir situações para deixar a vítima em dúvida sobre a sua memória e sanidade.

4. Controlar e oprimir a mulher

   Aqui o que conta é o *comportamento obsessivo* do homem sobre a mulher, como querer controlar o que ela faz, não deixá-la sair, isolar sua família e amigos ou procurar mensagens no celular ou e-mail.

5. Expor a vida íntima

   Falar sobre a vida do casal para outros é considerado uma forma de *violência moral*, como, por exemplo, vazar fotos íntimas nas redes sociais como vingança.

6. Atirar objetos, sacudir e apertar os braços

   Nem toda violência física é um espancamento. São considerados também *abuso físico* a tentativa de arremessar objetos, com a intenção de machucar, sacudir e segurar com força uma mulher.

7. Forçar atos sexuais desconfortáveis

   Não é só forçar o sexo que consta como *violência sexual*. Obrigar a mulher a fazer atos sexuais que lhe causem desconforto ou repulsa, como a realização de fetiches, também é uma forma de violência.

8. Impedir a mulher de prevenir a gravidez ou obrigá-la a abortar

   O ato de impedir uma mulher de usar métodos contraceptivos, como a pílula do dia seguinte ou o anticoncepcional, é considerado uma prática da *violência sexual*. Da mesma forma, obrigar uma mulher a abortar também é outra forma de abuso.

9. Controlar o dinheiro ou reter documentos

   Se o homem tenta controlar, guardar ou tirar o dinheiro de uma mulher contra a sua vontade, assim como guardar documentos pessoais da mulher, isso é considerado uma forma de *violência patrimonial*.

10. Quebrar objetos da mulher

    Outra forma de *violência ao patrimônio* da mulher é causar danos de propósito a objetos dela ou a objetos de que ela goste.

Homens também podem ser vítimas dessas violências e é frequente termos vergonha de reconhecer (também passei por isso), seja pelo receio de nos acharem "frouxos", seja para evitar que pensem que queremos dar uma de vítima. Muitos homens acabam revidando em suas parceiras – ou parceiros – com agressões físicas muito mais pesadas, infelizmente. Caso se identifique com essa situação, recomendo buscar ajuda de um psicólogo antes que a situação termine em consequências traumáticas.

Se você conhece alguém em uma relação em que as violências acima estejam acontecendo, sugira a essa pessoa ligar para o 180, a Central de Atendimento à Mulher. Além de registrar denúncias de violações contra mulheres, encaminhá-las aos órgãos competentes e realizar seu monitoramento, o Ligue 180 também dissemina informações sobre direitos da mulher, amparo legal e a rede de atendimento e acolhimento.

Terceiro. Converse sobre seus medos e dúvidas mais íntimas com seus amigos.

Os homens também sofrem, mas fazem isso em silêncio. Como falamos pouco sobre nossas dores, às vezes surge a equivocada impressão de que "está tudo bem" conosco. Suicidamos quase quatro vezes mais do que as mulheres (IBGE), somos 83% das mortes em homicídios e acidentes (Ministério da Saúde), somos 96% da população prisional no Brasil (Levantamento Nacional de Informações Penitenciárias de 2014), vivemos em média sete anos a menos do que as mulheres (IBGE), estamos mais expostos ao uso de drogas, álcool e violência em geral. E os homens negros são as principais vítimas em todos esses levantamentos, mais uma vez mostrando como é essencial trazermos o quesito raça para essa reflexão.

A maioria dos homens é criada para suprimir seus sentimentos. Somos encorajados a não demonstrar medo, tristeza, fraquezas ou dúvidas. Mas não dá para abafar só um conjunto específico de emoções e abrir a tampa para as demais. Quando fechamos a porta para as emoções menos desejáveis de um homem, fechamos para todas as outras também. E empatia nada mais é do que ressonância emocional. Quando não praticamos sentir e nos familiarizar com nossas próprias emoções, identificar e sentir empatia pelo que outra pessoa sente serão mais difíceis também. Empatia é muito mais do que boas intenções, é um treino de abertura do coração ao qual a maioria de nós, homens, não foi acostumado – ou sequer autorizado.

Abrir a caixa de nossas emoções é o primeiro passo para tomarmos consciência do que podemos e desejamos mudar para sermos pessoas melhores.

Você não precisa de nada especial para fazer isso acontecer. Basta puxar essa conversa com os mesmos amigos de sempre. No começo, pode ser mais fácil conversar individualmente com quem você sinta ter mais abertura. Após conquistar mais aliados, proponha uma roda de papo. Pode ser no bar, após o futebol ou no meio do churrasco.

Homens em contato com suas emoções, dores e sonhos agridem menos a si próprios e a outras pessoas, pois não recorrem à violência como caminho para superar seus obstáculos. Aceitam buscar ajuda e pedir desculpas. Não precisam expressar força a todo momento para se afirmar homens, como adolescentes, pois já são seguros de sua força e caráter. São felizes sendo pessoas comuns, sem vestir armaduras de super-heróis invencíveis.

É possível vivermos com mais liberdade, leveza e alegria; todos ganhamos com a mudança

Escute as mulheres. Busque ativamente se informar sobre o que elas enfrentam hoje. Quebre os seus silêncios emocionais. Converse com seus amigos, *abra* o coração. Deixe de lado piadas machistas, homofóbicas e preconceituosas. Reconheça seu próprio machismo e escolha ser um homem melhor. Não se omita diante de situações de abuso, violência ou assédio. Por meio de suas ações, torne-se o exemplo vivo da mudança. É o que tenho tentado fazer por aqui, tropeço após tropeço.

Tenha coragem de dar esses passos, ainda que sozinho.

Assim, vamos construir um mundo melhor para elas e também para nós. Sonho que este artigo seja xerocado e distribuído para leitura crítica e debate em rodas de conversa, escolas, universidades, empresas. Que ele possa circular em grupos de *whatsapp*. Seja para criticar ou elogiar, passe adiante esta conversa. Depois, me relate suas impressões em: <guilherme@papodehomem.com.br>. Tenho certeza que poderia ter sido mais hábil na forma de escrever e vou adorar seguir o diálogo.

Aqui encerro minha carta.
Com carinho e de peito aberto,
seu amigo, Guilherme.

Fontes

CASTRO, Alex. Feminismo para homens, um curso básico. Disponível em: <http://papodehomem.com.br/feminismo>.

FBSP – Fórum Brasileiro de Segurança Pública. 12º Anuário Brasileiro de Segurança Pública, 2018.

_____. Pesquisa "Visível e invisível: a vitimização de mulheres no Brasil". 2. ed. Fórum Brasileiro de Segurança Pública e Datafolha, 2019.

IBGE – Instituto Brasileiro de Geografia e Estatística. Pesquisa Nacional por Amostra de Domicílios Contínua, 2019.

VALADARES, Guilherme N. Como os homens se transformam. Disponível em: <https://papodehomem.com.br/tedx-como-homens-se-transformam/>.

Trabalho com homens autores de violência contra as mulheres: responsabilização e prevenção

Sérgio Flávio Barbosa[*]

A Lei Maria da Penha prevê em seu artigo 35 a criação de centros de responsabilização do agressor; e, no artigo 45, a determinação pelo juiz de comparecimento obrigatório do agressor a programas de recuperação e reeducação. Assim, desde 2006, ano em que a Lei entra em vigor, um conjunto amplo de iniciativas e de metodologias de trabalho com homens autores de violência vem sendo implementado no País. Antes desse dispositivo legal, havia no Brasil apenas algumas iniciativas dispersas e pontuais de trabalho com homens agressores. Em outros países, como Canadá e EUA, há registro de trabalho com homens autores de violência contra as mulheres desde o início da década de 1990.

Na perspectiva de criação de mecanismos para coibir e prevenir a violência doméstica e familiar contra a mulher, as metodologias de trabalho com homens agressores têm como

---

[*] Professor de Filosofia e Sociologia na Faculdade Estácio/SP, é coordenador de grupos reflexivos de homens autores de violência contra a mulher.

objetivo promover mudanças de atitude masculina na resolução de conflitos, sem que se recorra à violência física, psicológica ou de qualquer natureza. Assim, é fundamental que o trabalho com homens autores de violência, a partir de um processo judicial, tenha caráter reflexivo e educativo.

Em geral, os homens autores de violência contra as companheiras relutam em reconhecer que são violentos e que cometem agressões. Ao serem encaminhados para os grupos de reeducação, chegam revoltados por serem obrigados pela justiça a frequentarem um espaço de responsabilização como agressor. Nos grupos com homens agressores, percebemos que a "identidade masculina" vê a violência doméstica como algo quase natural, quase como sinônimo da masculinidade. Tipo: "homem que é homem manda". Uns dos objetivos principais do trabalho em grupo com homens autores de violência é desnaturalizar essa violência, que vai desde obrigar a companheira a servir a comida até ter relações sexuais forçadas.

Nos ambientes de palestras sempre me perguntam: por que, mesmo com as punições previstas na Lei Maria da Penha, os homens continuam a cometer violência doméstica? A lei e as punições previstas não conseguem intimidar reações violentas? Bem, aqui vale refletir sobre as construções culturais que ainda hoje tendem a definir o lugar do homem e o lugar da mulher na sociedade. Como pano de fundo desta violência existe a ideia de que o "homem é que manda e a mulher que tem juízo obedece". A violência doméstica está ancorada em uma visão de mundo que se caracteriza pela desigualdade entre os gêneros.

Em um grupo de reflexão com homens autores de violência doméstica, um dos participantes disse que gostaria de ser diferente, mas não sabia como. Para ele era difícil compreender que estava praticando um ato de violência, pois ele achava que tinha razão. Mas é fundamental ter em perspectiva que a violência dos homens contra as mulheres não é algo "natural". É um comportamento aprendido desde cedo, segundo o qual os meninos devem sempre reagir diante de a uma situação de conflito. A máxima é sempre se impor. É assim que se acaba criando e estimulando culturas masculinas de violência, em que as atitudes violentas são banalizadas e muitas vezes incentivadas. Contudo, é importante destacar que, ao trabalhar com autores de violência, passamos a compreender que: eles não são agressores 24 horas por dia; eles podem passar por um processo de responsabilização do seu ato; que nesse processo eles podem mudar de comportamento.

Grupos reflexivos com homens autores de violência contra a mulher

O trabalho com homens autores de violência contra a mulher a partir da Lei Maria da Penha é indicado para qualquer homem que cometeu violência contra a mulher. Com base em um estudo realizado, foi definido em um protocolo acordado com os Juizados de Violência Doméstica que estão excluídos de encaminhamento para os grupos reflexivos aqueles homens que tenham tentado ou praticado feminicídio, violência sexual ou estupro.

Os grupos reflexivos têm uma duração média de 10 a 16 sessões de cerca de duas horas cada. Alguns grupos chegam às vezes a realizar 24 sessões. Cada grupo reflexivo é composto por 10 até 24 homens e conta sempre com dois ou mais técnicos na facilitação das sessões.

Os facilitadores devem ser, de preferência, homens; mas nada impede a facilitação de mulheres, desde que haja homens também na equipe. A participação de homens na equipe é fundamental, por vários motivos. O principal é para que haja um engajamento de homens na facilitação de grupos e que se envolvam nessa temática. Outro motivo é para que os participantes vejam homens falando sobre o tema de uma forma diferente, podendo se identificar para romper com o círculo da cumplicidade, ou seja, para que haja uma quebra na continuidade da omissão e do silêncio. É muito importante a participação de uma figura masculina para que haja uma identificação positiva, para que outros homens vejam modelos de masculinidades que possam comparar.

A maioria dos homens chega com muita raiva ao local das sessões. Quando são encaminhados pelos juizados, é explicado que não se trata de uma condenação nem de antecipação da pena. Muito menos que a sua participação nos grupos reflexivos poderá interferir no processo. O grupo reflexivo é considerado como mais uma ação protetiva à mulher: além de manter o homem distante da mulher, o grupo é um espaço de responsabilização.

> Eu ia fazer mais bobagem. Me falaram até para fazer coisa pior. Mas, quando eu cheguei aqui, e fui acolhido, vocês me mostraram que eu estava errado, que a sociedade está errada ao banalizar a violência contra a mulher. Eu acho que chegaria no estágio final.

Este relato de um gerente de banco mostra como, em diferentes classes sociais, há o mesmo padrão de domínio e controle sobre a mulher. E revela também o quanto é importante este homem ser acolhido para que haja uma interrupção imediata na evolução da violência. Infelizmente, sabemos que a violência é uma onda crescente que cada vez mais sufoca a mulher e que gera no autor de violência uma falsa sensação de poder e controle.

Eu achava normal. Mulher minha tinha que obedecer e ficar calada. Quando ela começava a discutir comigo eu já agredia, batia mesmo nela. Eu vi aqui hoje que eu estava errado.

O trabalho com homens jovens que iniciam relações afetivas e sexuais

A partir da Lei Maria da Penha, que prevê o trabalho com autores de violência, há no país uma visão cada vez mais ampla sobre a importância do trabalho com homens em uma perspectiva de responsabilização, mas também de construção de relações de igualdade. E, nesse sentido, são necessários investimentos em um amplo trabalho com homens jovens que estão iniciando suas relações afetivas e sexuais, para que reflitam sobre mudanças de comportamento e atitudes. Nos trabalhos com homens e em situações de palestra sempre digo que, em se tratando de violência doméstica, se os homens são parte importante do problema, eles precisam ser parte da solução.

Em geral, as primeiras atividades com os grupos reflexivos de homens autores de violência contra a mulher já revelam o impacto e a mudança. Há falas recorrentes, como: "se eu tivesse ouvido antes tudo o que conversamos, com certeza eu não estaria aqui hoje". O relato deste homem, com apenas 23 anos de idade, revela muitas coisas. Há poucas campanhas voltadas para homens e que falem com a linguagem masculina, para que os homens possam entender e se ligar na mensagem. A prevenção deve acontecer de forma precoce. Sabe-se que é na adolescência que começamos a cristalizar os valores das masculinidades.

Assim, acredito que o trabalho com homens para responsabilização e prevenção da violência contra as mulheres precisa ter como objetivo a perspectiva de ajudar e estimular o homem autor de violência a renunciar a atitudes violentas contra suas companheiras e assumir a responsabilidade por seus atos. Caso contrário, não haverá mudanças e transformações de atitudes.

Aqui é importante destacar que, nestes mais de doze anos de vigência da Lei Maria da Penha, os programas e a metodologia de responsabilização e reabilitação para homens autores de violência doméstica têm contado com a contribuição de um amplo leque de conhecimentos das áreas da psicologia, antropologia, filosofia e sociologia, que aportam reflexões sobre masculinidades e violência contra as mulheres.

"Novas masculinidades" ou apenas um modelo de dominação masculina que se perpetua?

A construção da violência contra a mulher é um projeto de dominação masculina. E esse projeto de dominação de homens sobre as mulheres sustenta as desigualdades sociais existentes entre o masculino e o feminino. Hoje, a dominação dos homens segue uma arquitetura cada vez mais disfarçada em "novas masculinidades".

Essa nova forma de dominação masculina consiste em construir estruturas flexíveis a um novo tipo de comportamento, mais aberto, mais participativo e mais liberal. Porém, esse modelo mantém as mulheres nas mesmas condições materiais e produtivas. As novas masculinidades não libertam as mulheres porque não rompem com o ciclo da violência. A contemporaneidade sustenta firmemente uma mudança externa de papéis sociais. Não libertam nem o próprio homem, porque recriam um espaço de poder em que as estruturas patriarcais permitem a fluidez do poder sempre na mesma direção do masculino. Dessa forma, mesmo que existam novas masculinidades, não se encerra o império do masculino sobre o feminino. Na verdade, o que temos é uma revisão superficial de valores e códigos morais que estão permitindo ao masculino se revitalizar e reorganizar suas estratégias de dominação.

O número de homens que sabem que a violência é um crime é significativo; porém, essa consciência não tem mudado a realidade na prática.

Para compreender por que homens cometem violência contra mulheres, é necessário entender que há também um ciclo que o próprio homem utiliza para que essa dominação se perpetue. Já sabemos que existe um ciclo da violência doméstica muito bem estudado e analisado. Mas o que proponho agora é analisar o mesmo fenômeno da violência contra a mulher a partir do olhar do homem e das arquiteturas que sustentam este domínio.

A primeira ação do homem autor de violência contra a mulher é a negação do seu ato

Esta dominação é sustentada por três vértices. O primeiro é a *negação* da violência contra a mulher. A negação consiste na primeira ação do homem após a violência praticada contra a mulher. É pela negação que o homem procura gerar confusão e dúvida. Dessa forma, a mulher acaba se sentindo responsável pelo ocorrido e, muitas vezes, assume a culpa pela violência que sofreu. Entre o evento da agressão até o perdão, podemos perceber que a negação do fato pelo homem gera na mulher também o medo, uma sensação muito comum, porém muito perversa, porque paralisa a mulher naquela situação, tornando-a refém do autor da violência. Ele nem precisa estar mais presente, pois a violência não marca apenas o físico, mas deixa marcas profundas em seu emocional, ou nos sentimentos sobre uma relação em que se esperava outra trajetória, mas que acabou dessa forma, com violência, culpa e medo. Ao lado do medo, há também uma frustração – ou como é dito popularmente, a mulher assume a pecha de ter o "dedo podre": "entre tantos homens, a escolha foi a pior" – que se transforma mais uma vez em culpa, fazendo com que a vítima traga para si a responsabilidade pela agressão sofrida. Mas, para não viver nessa frustração, rapidamente cresce o desejo de encobrir esse sentimento. E, com a mesma rapidez, cresce uma ansiedade de resolver logo a situação, o que muitas vezes leva a mulher a optar por aceitar um recomeço de uma relação já fragmentada.

A sensação de impunidade potencializa a violência contra a mulher

Após a negação, o ciclo masculino começa a se diferenciar do feminino pela sensação de *impunidade* – o segundo vértice da dominação masculina. Quando uma violência excessiva e cruel é direcionada a um grupo social, reina na sociedade a total ausência de possibilidade humana. Os terríveis números de feminicídios atestam como essa sensação de impunidade é a expressão da insignificância do lugar da mulher na sociedade. A impunidade revela o espaço e o lugar da dominação, e a violência torna-se uma das características mais problemáticas das modernas sociedades ocidentais, ou seja, um problema para mulheres e para homens.

A impunidade é em si uma violência, que assume os mais diversos rostos e matizes, apresentando-se de formas variadas e disseminando terror e medo como sentimentos e realidades cotidianas das mulheres na sociedade atual. Por isso, muitas mulheres nem chegam a denunciar, porque sabem que a impunidade apenas contribui para a intensificação e multiplicação da violência e acham que a denúncia não irá mudar a sua realidade.

As promessas de mudança que tendem a não se realizar

O terceiro vértice de triângulo do poder é a *promessa*. Promessas não são mentiras, mas podem ser fingimentos para transformar o que é falso em verdadeiro. A promessa é um vértice poderoso porque estabelece uma esperança utópica que, como é utópica, é apenas vislumbrada e jamais alcançada. A promessa enfeitiça, pois traz consigo uma possibilidade de mudança, que serve apenas de verniz e não sai realmente de dentro do homem. Trata-se de um momento muito rápido, um relance, em geral carente de reflexão. Uma promessa que não se converterá em realidade, porque carece de transformação e mudança por parte do autor de violência.

Acabar com as desigualdades do masculino sobre o feminino retira a sustentação do poder do homem sobre a mulher. De fato, já estamos vivendo os efeitos de uma falência da dominação masculina sobre a mulher. O debate sobre a violência contra a mulher continuará crescente e intenso. Contudo, as mudanças das masculinidades exigirão investimentos cada vez maiores para que se alcancem transformações culturais profundas. A crise da dominação masculina é parte desse processo, que está apenas começando.

Como (se) reconhecer uma vítima de violência doméstica e o que fazer

Rosana Leite Antunes de Barros[*]

> Sua máscara projeta uma imagem correta, adequada e eficiente. As emoções cuidadosamente controladas, os desejos devidamente selecionados, os ideais eficientemente adequados cumprem suas funções. O corpo ferido, a sexualidade reprimida, o coração perdido distribui amor contido. Convive com as vicissitudes, sem saber como incorporá-las à sua história. O sucesso e o fracasso confundem-se nela, numa sensação difusa de inadequação. Ataca para mostrar-se viva, defende-se para não morrer. O estupor toma conta de sua alma.
>
> Rose Marie Muraro[1]

---

[*] Defensora pública estadual, é coordenadora da Comissão Nacional de Promoção de Defesa dos Direitos da Mulher do CONDEGE (Colégio Nacional de Defensores Públicos-Gerais) e do Núcleo de Defesa da Mulher da Defensoria do Estado de Mato Grosso.

[1] In: SEABRA, Zelita; MUSZKAT, Malvina. *Identidade feminina*. Petrópolis: Vozes, 1985.

Surge a Lei Maria da Penha

Quando a Lei Maria da Penha foi sancionada no Brasil, em 7 de agosto de 2006, não foi bem recepcionada pela sociedade. Tal como as mulheres, foi maltratada, xingada, achincalhada e chamada de inconstitucional.

Em 2012, o Supremo Tribunal Federal pronunciou-se quanto à constitucionalidade da norma. É de se rememorar que, apesar de as mulheres sofrerem por anos a fio as mais variadas discriminações e preconceitos pelo gênero, muitos e muitas não entendiam a finalidade da lei.

Perguntas surgiram, até para descaracterizá-la, fazendo com que a Lei Maria da Penha fosse vista como de menor importância. O primeiro grande desafio foi adentrar no ambiente doméstico e familiar, que outrora se apresentava como inviolável. Não só apenas as "baratas" iriam conhecer os "segredos" da casa. Se crimes dentro dos lares acontecem, há necessidade premente de que algo seja feito.

O artigo 5º da Constituição Federal, lei máxima do país, define que homens e mulheres são iguais em direitos e obrigações. Entretanto, como fazer com que essa igualdade seja real? Como "sentir", de fato, essa equivalência? A forma de garantir a verdadeira igualdade é a entrada em vigor de leis positivas, conhecidas como afirmativas, que garantam o tratamento equânime. A Lei Maria da Penha surgiu para que as mulheres, dentro do ambiente doméstico e familiar, pudessem viver com dignidade.

Fatores socioculturais naturalizam a desigualdade e a violência

Há necessidade de reflexão por parte de mães e pais quanto à forma de criação e educação de suas filhas e filhos.

Se houver tratamento diferenciado, exaltando a superioridade do gênero masculino, o menino irá crescer e amadurecer segundo esse paradigma. Assim, ele buscará sempre ser superior às mulheres e irá sentir-se no direito de agir com violência contra as mulheres, sobretudo dentro de casa.

Foi naturalizado que o trabalho de menor importância deveria ficar para as mulheres. E, de outro turno, as funções que demandam um cuidado maior seriam dos homens. Nos primórdios apenas eles, os homens, eram incentivados aos estudos. Também ganharam confiança social para o labor fora de casa. Uma inverdade contada diversas vezes passa a ser realidade. Relataram, por anos a fio, a incapacidade feminina. Afirmaram que as mulheres são maldosas e difíceis de conviver. A fragilidade também foi usada como sinônimo feminino. A batalha feminista para desmistificar conceitos e preconceitos tem sido atroz. Em tempos atuais, após tanta demonstração de competência da mulher, desafios ainda parecem como na época das cavernas.

Retrocesso? Não. Os direitos humanos vedam atrasos. Porém, voltando à realidade, é possível ouvir de mulheres: "Ele é nervoso, por ser homem", "Ele só tem um pouco de ciúme", "Prefiro ficar calada para não deixá-lo mais nervoso". Na atividade econômica, tanto pública quanto privada, é costume o gerenciamento masculino. Quando uma mulher alcança o comando, tem que provar a sua competência diuturnamente para permanecer na função.

Justamente pelo exposto, a violência contra as mulheres persiste. Não há diminuição visível ano a ano. Há, sim, aumento das estatísticas policiais pelo inconformismo das mulheres em continuar sendo vítimas. Aquelas que conseguiram a independência econômica tendem a não mais se submeter a homens agressivos.

Um resultado importante e esclarecedor quanto à efetividade da Lei Maria da Penha foi revelado pela pesquisa realizada pelo IPEA (Instituto de Pesquisa Econômica Aplicada) em 2016, quando a lei completava dez anos de existência. Segundo o estudo, houve diminuição em 10% nos números de feminicídios dentro do ambiente doméstico após a lei.

O atual desafio da Lei Maria da Penha é fazer com que as mulheres se reconheçam como vítimas quando se encontram em relacionamentos abusivos. Os feminicídios são em geral precedidos de delitos menores, deixando evidente que toda e qualquer violência sofrida em casa pode tornar-se muito grave.

Ciclo da violência doméstica e familiar

A violência doméstica está presente em muitos lares, e diagnosticá-la não é difícil, pois em geral ela se manifesta em um ciclo que é fácil de perceber. O primeiro estágio é o da *tensão*. Nessa fase, as brigas cotidianas se instalam, fazendo com que as injúrias e ameaças possam criar na vítima um temor constante, uma sensação de perigo a qualquer momento. Com a segunda fase, a da *explosão*, acontecem as agressões físicas e psicológicas, que tendem a um aumento em frequência e intensidade. Já na última etapa, a da *lua de mel*, há um envolvimento da vítima com carinhos, juras de amor e promessas de nunca mais fazer uso da violência. Todavia, como se trata de um ciclo, é repetitivo.

O homem agressor, em regra, se apresenta perante a sociedade como alguém extremamente bom, leal e fiel à sua amada. Gosta de elogiá-la diante das pessoas, transmitindo carinho e respeito. Quem não o conhece jamais imaginará tratar-se de um contumaz agressor. Algumas mulheres se sentem tão prestigiadas com carinhos "extra casa", que apagam momentaneamente os sofrimentos dentro do lar. Ao voltar para casa, porém, a "conversa" é diferente, com xingamentos, murros, socos e pontapés. Essa é a cruel realidade.

Para envolver o coração da amada, em tempos de namoro, o agrado aos amigos e familiares é visível. A figura de "bom moço" faz parte da tática de envolvimento, surgindo daí a dependência emocional. Entretanto, com o tempo, por vezes, até antes de formalizada a união, mostra-se a verdadeira face. O lado perverso em que todas as formas de violência podem habitar.

Essas situações são mais frequentes do que se imagina. O ciclo da violência doméstica é envolvente. As mulheres são românticas e se comovem com juras de amor e ramalhetes de flores. Sem falar da grande capacidade delas de perdoar.

O ciclo descrito é frequente nas famílias. O sofrimento é desumano e a mulher tem dificuldade para encontrar uma saída. As maiores tragédias ocorrem na segunda fase do ciclo, com os ânimos exaltados e o cansaço das confusões. Quando um agressor afirma textualmente que irá matar a sua companheira, a ela cabe acreditar na grande possibilidade de consumação da ameaça.

A importância das medidas protetivas de urgência

Esse é o principal instrumento de proteção da Lei Maria da Penha. Logo no início das investigações, medidas cíveis e criminais podem ser pedidas pela vítima para garantia de seus direitos. As mais solicitadas pelas mulheres são: o afastamento imediato do agressor, os alimentos provisórios para filhos e filhas, a suspensão da posse ou porte de armas, a guarda de filhos e filhas e a restrição no cartório de imóveis quanto à venda de bens do casal.

Sem dúvida, a medida protetiva que mais tem garantido a integridade física das mulheres é o afastamento do agressor. Antes da entrada em vigor da Lei Maria da Penha, uma mulher vítima de violência doméstica lavrava um boletim de ocorrências contra o agressor e voltava para casa, para junto dele. O resultado era nefasto, pois o homem usava de toda a sua ira para "penalizar" aquela que buscara tentar sair do relacionamento.

A efetividade das medidas protetivas de urgência é dúvida constante da mulher vítima de violência doméstica. O que fazer quando o agressor teima em descumprir a determinação judicial? Quem pode informar o descumprimento? Apesar de muito se afirmar que as medidas protetivas não são cumpridas e que o sistema de justiça é falho na aplicação das leis, algumas ponderações são necessárias para uma melhor compreensão do tema. A violência doméstica e familiar contra a mulher é grave, principalmente por ser praticada pelo parceiro escolhido para compartilhar alegrias e tristezas ao longo da vida.

O companheiro tem informações privilegiadas sobre a vida da mulher. Ele conhece a sua rotina. Ainda que ocorra a separação do casal, ele não deixa de saber, em regra, onde pode encontrar o seu alvo. Sabe os seus horários de saída e chegada, onde mora, local de trabalho, principais lugares frequentados etc. Assim, os operadores da citada lei devem receber da vítima todas as informações necessárias para que a medida protetiva de urgência possa surtir o resultado desejado.

Vivemos em um país onde não basta gritar "Polícia!" para que sejamos prontamente atendidos. Logo, as mulheres vítimas de violência doméstica e familiar que se encontram amparadas pelas medidas protetivas devem tomar todos os cuidados necessários a qualquer pessoa que se encontra em situação de ameaça. A informação imediata de que o agressor não está cumprindo a determinação de afastamento é de grande valia para que a justiça possa ser feita, garantindo sua integridade física. Em grande parte dos casos, os feminicídios e as lesões corporais graves são precedidos de ameaças e crimes menores. A mulher não pode deixar de acreditar que o homem, apesar de ter compartilhado importantes momentos (casamento, nascimentos de filhos e filhas etc.), poderá, sim, praticar delitos graves contra ela.

O requerimento das medidas protetivas poderá ser feito diretamente pela mulher, por meio da Defensoria Pública, Ministério Público, Delegacia de Polícia, ou por procuradora ou procurador judicial. O descumprimento das medidas protetivas poderá ser informado por qualquer pessoa que tenha conhecimento dos fatos, a fim de evitar um evento de maior gravidade. No caso de desobediência da medida protetiva de afastamento do agressor, a vítima pode usar o botão do pânico e a consequência pode ser a prisão preventiva ou o uso de tornozeleira por ele.

É necessário conhecer o que se passa na casa das vítimas para que ocorra o efeito legislativo e protetivo desejado. Muito se ouve que não há como segurar o homem, quando deseja cometer um feminicídio contra a companheira ou ex-companheira. Isso não é verdade. Sendo delitos "anunciados", os feminicídios são passíveis de prevenção. Ao menor sinal de agressividade por parte do convivente, a mulher deve imediatamente ligar o sinal de alerta.

Impactos visíveis e invisíveis da violência doméstica

As mulheres vítimas de violência doméstica e familiar correm mais risco de sofrer enfermidades. A depressão e a ansiedade são alguns dos transtornos visíveis. Também outras doenças psicossomáticas podem advir do estresse e da tristeza no lar.

Dentre os fatores que fazem com que mulheres atentem contra a própria vida está a violência no seio familiar. Esse silencioso problema faz com que a família viva como se o terror habitasse o recinto. A linha é muito tênue, ficando imperceptíveis as situações de constrangimento e humilhação. Os pedidos de desculpas fazem com que a companheira sinta certo conforto, ou acredite que a brutalidade daquela vez foi a derradeira. Não será. Ela se repetirá por inúmeras vezes, pois o agressor repete as suas ações até que a vítima se canse e lhe ofereça cartão vermelho. Claro, muitas não conseguem pôr fim ao jogo e morrem em sofrimento.

O que vem acontecendo é que a rotina de violências enfrentada por essas mulheres as faz desenvolver doenças. Segundo a Faculdade de Medicina da Universidade Federal do Ceará, 39% das mulheres que passaram por essa violência afirmaram que já tiveram pensamentos suicidas, em razão da amargura.

Outro problema perceptível com a violência doméstica e familiar é o absenteísmo, ou seja, a falta ao trabalho por conta dos machucados internos e externos. Às vezes, no ambiente de labor, convive-se com inúmeras vítimas sem o conhecimento sobre essa realidade. E embora muitas vezes os sinais sejam evidentes, em algumas circunstâncias – especialmente diante do silêncio da mulher – pouco se pode fazer.

Mulheres que passam a usar roupas de gola alta e mangas compridas podem estar mascarando lesões corporais. Empregadas que mudam a forma de se portar repentinamente podem, também, estar sendo vítimas.

A violência sai do lar conjugal, atingindo a sociedade, as empresas e o poder público. Atinge o PIB do país e acrescenta ao Estado gastos inesperados. A vítima, ao acionar uma viatura da polícia, está fazendo uso do combustível e efetivo policial. Se houve lesão corporal, ao se dirigir a um hospital ou acionar o SAMU, trará gastos de material e pessoal. Se necessitar de internação, o consumo será maior. Se as lesões forem psicológicas, a equipe multidisciplinar do serviço público também deverá ser acionada.

Onde buscar ajuda

Existem vários serviços que podem oferecer ajuda à mulher que está sofrendo violência. Com a crescente divulgação da Lei Maria da Penha e, ainda, levando-se em consideração o dado de outra pesquisa do IPEA – 95% da sociedade conhece ou já ouviu falar da lei –, espera-se que, com o tempo, o amparo chegue com maior facilidade.

O número conhecido nacionalmente como Ligue 180 é uma Central de Atendimento à Mulher em que ela pode buscar informações e fazer uma denúncia, com o acionamento das polícias e outros serviços. É de se esclarecer que o atendimento pelo número 190 encaminhará a vítima para a Polícia Militar, quando deverá acontecer a imediata repressão ao fato delituoso.

Os serviços, em regra, não são os mesmos em todo o território nacional. Contudo, sempre haverá algum local onde a mulher poderá receber acolhida. As Delegacias de Defesa da Mulher (DDMs) ou Delegacias Especializadas no Atendimento à Mulher (DEAMs) são a porta de entrada das mulheres vítimas de violência doméstica e familiar. Já outras podem, antes mesmo da lavratura do boletim de ocorrências, buscar o serviço de saúde, por conta das feridas externas.

Os Núcleos de Defesa da Mulher das Defensorias Públicas, denominados nacionalmente como NUDEM, atendem a mulher não só em casos de violência no âmbito familiar, mas também em caso de qualquer violência, preconceito e discriminação que venha a sofrer dentro e fora de casa. Esses núcleos fazem a divulgação dos direitos humanos das mulheres como forma de educação em direitos, informação, orientação e atuação extraprocessual.

Os Centros de Referência existentes em alguns estados também realizam magníficos trabalhos de atendimento às vítimas. A acolhida psicossocial pós-trauma é uma forma de ajudar a mulher a "virar a triste página".

Os Conselhos Estaduais e Municipais de Defesa dos Direitos das Mulheres fazem os encaminhamentos necessários das vítimas, já que a maioria deles integra a Rede de Proteção às Mulheres Vítimas.

Os aplicativos para telefones celulares, realidade em algumas localidades, trazem um socorro imediato à mulher "na palma das mãos". Eles podem salvar a vítima com um "clique", acionando pessoas por ela indicadas ou diretamente a Polícia Militar ou Civil.

A sociedade civil, ONGs e associações de mulheres prestam informações, dão amparo e realizam o encaminhamento das vítimas para os equipamentos da rede de serviços.

Na verdade, não há uniformidade quanto aos serviços à disposição das mulheres vítimas em todos os locais do País. Cada qual tem, de acordo com a necessidade e realidade, buscado oferecer atendimento, fornecer orientações no momento da ocorrência e após o fato. Município e estado devem ofertar cursos profissionalizantes para que elas possam sair da dependência econômica do agressor. Um exemplo é o Programa Minha Casa Minha Vida, que protege as mulheres e seus filhos ao registrar as casas em nome delas. Em caso de cisão do casamento ou da união estável, o imóvel adquirido deverá ficar em propriedade delas. Essa foi uma maneira de garantir que as mulheres não permaneçam vítimas por conta da dependência financeira.

Se conclusão houvesse...

O trabalho de atendimento às mulheres que enfrentam violências nunca será concluído. Os estudos, a realidade e as marcas indeléveis deixam transparecer que, aos poucos, o Brasil e o mundo passam a compreender que ser vítima não é opção. Leis de proteção surgirão de acordo com a necessidade social.

As pessoas que as atendem devem receber capacitação permanente para o referido acolhimento, para que as mulheres sintam-se fortificadas na saída do ciclo de violência. Ações afirmativas do Poder Executivo para que elas consigam a independência financeira carecem se transformar em realidade, incentivando-as ao enfrentamento.

Esperar uma segunda agressão para agir pode ser tarde demais. O agressor costuma testar as suas vítimas. Até onde elas suportarem, eles irão. Contar para familiares, amigos e amigas as amarguras no lar pode trazer esperança.

Multiplicar informações, ser solidária com as vítimas, colocando-se no lugar delas, é papel de toda e qualquer mulher, pois ser vítima não é escolha. Sinais são alerta. A nossa casa é o refúgio após longo dia de trabalho ou estudo. Se alguém para lá não almeja o retorno, algo de errado pode estar acontecendo. Aquela que não deseja retornar ao lar diariamente pode estar sendo agredida.

A irresignação com as agressões, não as entendendo como normais, é um passo para a saída. As mulheres vítimas devem entender que existe VIDA após a violência doméstica e familiar.

Como ajudar alguém que é vítima de violência doméstica?

Helena Bertho[*]

Não são poucas as chances de que você conheça uma mulher em situação de violência doméstica. Segundo um levantamento do Datafolha, realizado a pedido do Fórum Brasileiro de Segurança Pública, entre fevereiro de 2018 e fevereiro de 2019, uma em cada quatro mulheres brasileiras sofreu algum tipo de violência. Uma delas pode ser sua amiga ou parente e é preciso ficar atento para oferecer ajuda.

No entanto, ajudar essas mulheres não é simples. Muitas delas não reconhecem a violência em que vivem e também é bem comum que tenham vergonha de contar para as pessoas próximas. Segundo a psicóloga Madge Porto, professora da Universidade Federal do Acre e especialista em violência contra a mulher, é normal que a vítima não consiga admitir o que vive. "Existe um modelo de relação que é esperado das mulheres; na nossa sociedade, mulheres são esposas e mães. Então, quando elas veem esse seu lugar de

---

[*] Jornalista especializada em coberturas ligadas à violência contra a mulher e direitos sexuais e reprodutivos, é chefe de redação da revista *AzMina*.

mulher ameaçado, é comum que neguem o que está acontecendo", explica.

Não é de se estranhar que somente 15% das vítimas de agressão em 2018 procuraram ajuda de um amigo ou familiar, segundo o levantamento do Datafolha.

Além disso, existe sempre o medo de agir e piorar a situação ou ainda se colocar em risco.

Considerando, porém, que a violência doméstica não é um problema só de marido e mulher e sim uma questão de toda a sociedade, é importante que as pessoas próximas fiquem atentas e ajudem as mulheres que passam por ela a escapar.

Mas como fazer isso? Devo procurar a polícia? E se a mulher não quiser denunciar? Como entender se ela sofre risco real?

Para responder essas e outras perguntas, foram entrevistadas a psicóloga Madge Porto, a promotora de justiça especialista em gênero, Valéria Scarance, e a defensora pública Paula Santana, coordenadora do Núcleo Especializado de Promoção e Defesa dos Direitos das Mulheres da Defensoria Pública de São Paulo.

A seguir, você encontra dicas de como ajudar uma mulher que vive em situação de violência.

Entendendo os tipos de violência

Saber identificar se existe uma situação de violência é muito importante para a vítima e também para quem quer ajudar. Sabia que mesmo quando não acontece uma agressão física, pode estar havendo violência? A Lei Maria da Penha define cinco tipos diferentes de violência e como cada uma acontece:

Violência física: é qualquer conduta que atinja a integridade e a saúde do corpo. É o tipo de violência mais simples de identificar. Importante destacar que ações como empurrar, beliscar e apertar também são formas de violência física.

Violência psicológica: é tudo aquilo que pode causar dano emocional e diminuir a autoestima. É bem complicada de identificar, por ser mais subjetiva. No entanto, a Lei Maria da Penha lista algumas atitudes que podem ajudar a notar a violência psicológica: controle, ameaça, constrangimento, humilhação, manipulação, isolamento, vigilância constante, perseguição, insulto, chantagem, ridicularização ou limitação do direito de ir e vir. Ciúmes excessivos costumam ser bem característicos desse tipo de violência. Então, se uma mulher for constantemente diminuída ou controlada pelo parceiro, ela pode estar sofrendo violência psicológica.

Violência moral: calúnia, difamação ou injúria. Basicamente, é quando o parceiro diz publicamente mentiras ou acusações falsas sobre a mulher.

Violência patrimonial: é a que acontece quando uma pessoa pega, esconde ou destrói algum bem, dinheiro ou documento da outra. E isso pode acontecer não só das formas óbvias, com a destruição de objetos físicos ou o roubo de dinheiro, mas também de maneiras mais sutis, como falsificação de assinatura, transferências não autorizadas de dinheiro ou até ocultação de dinheiro ou gastos quando existe comunhão (total ou parcial) de bens em uma relação.

Violência sexual: qualquer ação ou comportamento que force a mulher a presenciar, manter ou participar de uma relação sexual não desejada. Aqui, duas informações importantes merecem destaque: mesmo dentro de um casamento, forçar uma mulher a fazer sexo contra sua vontade é, sim, violência sexual. Além disso, não necessariamente precisa existir força física: usar ameaças, manipulação, coação ou chantagem para isso também entram na definição. Por fim, a Lei Maria da Penha ainda coloca na definição de violência sexual: impedir que a mulher use qualquer método contraceptivo, forçar ao casamento, à gravidez, ao aborto ou à prostituição.

O que fazer quando se presencia uma violência

Caso você ouça ou veja uma situação de violência acontecendo em casa, na rua ou no apartamento vizinho, a orientação é *agir*. Mas atenção: não tente intervir fisicamente! "Se você não tem treinamento, pode colocar a mulher em um risco ainda maior e se colocar pessoalmente em risco", explica a promotora Valéria Scarance. Então a primeira atitude recomendada é ligar para a Polícia Militar e solicitar que vá urgentemente ao local.

Enquanto espera a chegada dos policiais, chame mais pessoas para ajudar. Se for na rua, atraia a atenção de outros passantes. Caso tudo esteja acontecendo em um prédio, alerte o porteiro ou o síndico. Fique por perto e tente dissuadir o agressor de continuar a violência com palavras. Alerte-o de que você está ali, de que chamou a polícia e peça para parar.

Filme e fotografe a violência, para garantir que existam provas a serem apresentadas à polícia. Quando a autoridade policial chegar, preste depoimento e testemunhe.

Caso aconteça omissão policial, isto é, se a polícia minimizar o problema e/ou se negar a intervir, insista. E depois ligue para a Central de Atendimento à Mulher, o Ligue 180, para registrar a omissão na Ouvidoria. Segundo a promotora, isso é importante para que o caso seja apurado e o atendimento policial melhore.

Depois do atendimento policial, a mulher poderá pedir a medida protetiva e ser encaminhada para a rede de atendimento, de acordo com as necessidades que tiver.

Ouça sem julgar

Apesar de ser essencial agir quando você presencia uma cena de violência, saiba que também é importante ajudar a mulher que vive uma situação de violência doméstica, mesmo que a violência física não aconteça ou você não tenha presenciado. Inclusive, isso pode ajudar a impedir que a agressão física chegue a ocorrer.

Se uma amiga ou parente contar para você sobre situações abusivas ou violentas que vive, o primeiro passo é se mostrar disponível para escutar sem julgar o que ela passa.

A psicóloga Madge Porto conta que, em quinze anos de atendimento em consultório, já ouviu dezenas de mulheres contarem sobre situações de violência e também sobre a dificuldade em reconhecer o que vivem e reagir. E ela também observou como é comum que as pessoas próximas julguem e se afastem da mulher que não sai da relação abusiva.

"A gente tem que estar perto, para que ela sinta segurança de poder falar, sem medo de ser julgada. Sem ser intimada a tomar atitudes para as quais não se sente pronta", explica a psicóloga.

Pode ser que você, no lugar dela, tomasse outra atitude, mas cada mulher tem seu tempo e também seus motivos. Por isso, é importante ouvir o que ela tem a dizer, sem fazer que sinta vergonha ou culpa. Mostre que você está disponível para ajudar e conversar e deixe a porta aberta para que ela saiba que pode contar com você quando precisar.

Dê informação

Informação é essencial. É através do conhecimento que ela vai poder reconhecer que está vivendo uma forma de violência, entender que existe saída, quais são seus direitos, quais mecanismos legais existem e quais serviços públicos podem ajudá-la.

"Muitas mulheres já ouviram falar da Lei Maria da Penha, mas não conhecem o conteúdo e seus direitos", diz a defensora Paula Santana, que acredita que a informação é essencial para que as mulheres tomem decisões.

E como ajudar essa sua amiga ou parente a se informar?

Se houver abertura, conversar é o primeiro passo. Mas como nem sempre é fácil ter esse diálogo, você pode enviar conteúdos para ela. Valem notícias, reportagens, artigos e até textões em redes sociais. Sempre que vir algo que se relacione com a história dela, mande.

Outra forma de agir é também convidá-la para grupos, virtuais (como o aplicativo *PenhaS*, criado exatamente para isso) ou físicos, de mulheres. Nem todos têm como temática central a violência, o que pode ajudar a vencer a resistência dela, mas o assunto sempre acaba surgindo – e através das histórias de outras mulheres ela pode se inspirar, se informar e decidir agir.

Ajude a colher provas

Reconhecendo a violência e informada sobre seus direitos, a mulher pode decidir sair do relacionamento. Um dos dispositivos que existem para proteger a vítima é a medida protetiva. Emitida em caráter de urgência, a pedido da vítima, a medida protetiva pode determinar que o agressor mantenha certa distância da mulher e/ou dos filhos, fique longe da casa, não faça contato. Ela pode ser solicitada na delegacia ou no juizado e a palavra da mulher, de acordo com a lei, serve de prova.

No entanto, ter provas da violência facilita todo o processo. Além disso, caso a mulher decida processar o agressor ou em caso de divórcio ou disputa de guarda dos filhos, pode ser importante ter registros da violência para garantir seus direitos.

Oriente-a a guardar todas as mensagens e e-mails que contenham ameaças ou ofensas em locais seguros e longe do acesso do agressor. Além disso, fotos e vídeos de momentos de violência física ou verbal também podem ser usados. A vítima pode também gravar conversas telefônicas e presenciais. Por fim, laudos médicos de qualquer hematoma ou doença, inclusive psiquiátrica, que tenham sido ocasionados pela violência também podem servir de prova.

Você pode orientar a mulher sobre essas informações e também ajudá-la, guardando provas fora de casa, para que o agressor não as destrua. Outra forma é indicar maneiras para que ela gere as provas, como deixar o gravador ligado antes de o agressor chegar ou usar aplicativos que permitem fazê--lo com a tela bloqueada.

Bolando um plano de emergência

Reconhecer a violência e saber quais recursos legais existem para sair dela é essencial. Mas ainda assim essa saída não é fácil. É que a violência doméstica, por acontecer dentro de casa, envolve muito mais do que simplesmente denunciar: existe uma relação afetiva, existe a moradia, existem fatores financeiros e, muitas vezes, filhos.

Por isso, é essencial pensar uma rota de fuga e um plano de segurança e você pode ajudar essa mulher.

É preciso entender: qual será a situação dela ao romper o relacionamento? Ela tem filhos? Tem para onde ir? Tem como se sustentar sem ajuda do companheiro? Existem amigos ou parentes que possam acolhê-la ou ajudá-la com recursos? Ela tem orientação legal para fazer a separação?

Ajude-a a encontrar respostas para essas perguntas, assim a mulher vai conseguir visualizar um futuro possível longe daquela relação.

Para isso, vale pensar em todas as possibilidades de ajuda existentes: a rede pública de acolhimento à mulher, em algumas cidades, oferece boa parte dessas respostas. Lá ela pode contar com assistência jurídica, atendimento psicológico, médico e social e até abrigamento emergencial quando a mulher e filhos estiverem em risco iminente.

Caso a rede não esteja presente no município, é importante identificar pessoas que possam ajudar com acolhimento ou recursos, montando uma rede pessoal para ela. É hora de acionar contatos e reunir recursos. Qualquer ajuda prática é muito importante.

Nunca desista de ajudar: continue a dar apoio enquanto a mulher precisar

Não é raro que a mulher tenha medo de denunciar o companheiro, de sair da relação ou ainda que ela volte, mesmo depois de uma primeira saída. Por isso, é comum que parentes e amigos desistam de ajudá-la.

É preciso lembrar que pode ser que as políticas públicas ou os suportes oferecidos não sejam suficientes para que ela trilhe um novo caminho, seguro para si e para os filhos, fora da relação.

Além disso, o fator psicológico é muito importante. Relações abusivas podem dizimar a autoestima de uma mulher e gerar dependência emocional do companheiro. Assim, a saída definitiva precisa passar também por um fortalecimento emocional que não é simples nem rápido. Conseguir atendimento psicológico para que essa mulher se fortaleça pode fazer toda a diferença.

Outra coisa que a defensora Paula Santana reforça é que a mulher deve ser a protagonista da saída da violência. "Ela trabalha com riscos e termômetros sobre esses riscos e uma intervenção pode colocá-la em um risco ainda maior", explica.

"Então eu devo ficar ao lado dela, mas sempre esperar o tempo dela de agir?"

Para Valéria Scarance, é preciso ficar atento, avaliar o risco e, em alguns casos, agir quando a mulher não tem condições de fazê-lo. Ela inclusive lembra que é possível fazer a denúncia em nome da mulher. "Depois que a pessoa está em uma rede de acolhimento, ela tem assistência. Mas muitas vezes, no momento da dor, ela não tem condições de buscar ajuda", diz.

Difícil, né? Como saber quando agir ou quando esperar a decisão da mulher?

Para ajudar, a promotora pública listou alguns dos principais fatores de risco, que podem ajudar a entender melhor a situação dessa mulher.

Os fatores de risco

Abaixo, os fatores que, segundo a promotora de justiça Valéria Scarance, fazem acender uma "luz vermelha" e, por isso, devem chamar mais atenção para uma ação rápida:

- separação é recente, de até um ano, mas o parceiro não aceita o fim – o momento pós-separação costuma ser de alto risco;
- o parceiro possui arma;
- asfixia: se a pessoa já chegou a tentar asfixiar a vítima, é indicativo de que pode matar a qualquer momento;
- aumento da intensidade da violência nos últimos meses;
- consumo excessivo de álcool e drogas – não são fatores que causam a violência, mas podem agravar;
- controle ou ciúmes excessivo, principalmente quando vêm associados ao isolamento da mulher;
- histórico de violência anterior na vida daquele homem: violência é aprendida e o agressor tende a repetir padrões.

Caso um ou mais desses fatores seja identificado, a promotora orienta a fazer a denúncia e ajudar a mulher a sair o quanto antes da relação.

Independentemente do risco, porém, toda mulher que passa por violência doméstica precisa de ajuda para conseguir escapar. Seu apoio pode ser o elemento essencial para que ela saia da relação violenta e até para salvar sua vida.

Casa da Mulher Brasileira: integração e agilidade para enfrentar o ciclo de violência

Carla Charbel Stephanini[*]
e Tai Loschi[**]

Inaugurada em 2015, a Casa da Mulher Brasileira de Campo Grande, no Mato Grosso do Sul, oferece em um mesmo espaço físico a integração dos diversos serviços de atenção a mulheres em situação de violência. Na Casa estão em sintonia diferentes órgãos e esferas de Governo: serviços públicos de segurança, justiça, atendimento psicossocial e orientação para o trabalho, emprego e geração de renda, em um fluxo de atendimento que conta com protocolos específicos para garantir respostas qualificadas e amigáveis para as mulheres que enfrentam situações de violência.

---

[*] Advogada, especialista em Gênero e Políticas Públicas. Atualmente é subsecretária de Políticas para a Mulher em Campo Grande/MS e gestora administrativa da Casa da Mulher Brasileira/MS.

[**] Professora de Educação Física, assistente social, especialista em Gênero e Políticas Públicas. Desde agosto de 2016 atua como representante federal de articulação da Casa da Mulher Brasileira de Campo Grande.

Desde sua inauguração, a Casa da Mulher Brasileira de Campo Grande tornou-se uma referência para o atendimento das mulheres ao oferecer em um único local uma escuta ativa e humanizada e serviços de acolhimento e proteção, realizando os encaminhamentos necessários e monitorando os diferentes casos de violência de gênero atendidos. Integram os serviços instalados na Casa: Delegacia de Atendimento à Mulher, Defensoria Pública, Promotoria de Justiça, Vara Especializada em Violência Doméstica, além de atendimento psicossocial, capacitação para autonomia econômica e alojamento de passagem para as mulheres que estão sob risco de morte.

Princípios básicos para um atendimento qualificado e humanizado

Integração e readequação de práticas são os principais desafios que a Casa da Mulher Brasileira de Campo Grande demonstra ser possível superar, com atendimento integral e funcionamento 24 horas, inclusive nos finais de semana. Nestes quatro anos, a partir da concepção de integração do atendimento, a Casa já acolheu mais de 50 mil mulheres, que geraram quase 300 mil encaminhamentos (uma média de seis encaminhamentos para cada mulher atendida), propiciando a essas mulheres uma possibilidade efetiva de sair do ciclo de violência.

Coube aos profissionais que atuam na Casa da Mulher Brasileira de Campo Grande a tarefa de traduzir essas recomendações em prática.

Princípios para um atendimento qualificado

Objetivos e princípios que orientam a Casa da Mulher Brasileira:
1. Corresponsabilidade entre os entes federados.
2. Caráter democrático e descentralizado da administração.
3. Transversalidade de gênero nas políticas públicas.
4. Integralidade dos serviços oferecidos às mulheres em situação de violência.
5. Reconhecimento da diversidade de mulheres.
6. Promoção da autonomia das mulheres.
7. Garantia da igualdade de direitos entre homens e mulheres.
8. Solidariedade.
9. Liberdade de escolha das mulheres.
10. Agilidade e eficiência na resolução dos casos.
11. Laicidade do Estado.
12. Transparência dos atos públicos.
13. Compromisso com a sistematização dos dados.

A concepção da Casa da Mulher Brasileira tem como objetivo superar a chamada "rota crítica", isto é, o caminho fragmentado e tortuoso que a mulher percorre buscando os serviços públicos de atendimento e enfrentando sozinha uma série de obstáculos, como, por exemplo, os gastos com transporte nos deslocamentos, a necessidade de ter de repetir inúmeras vezes o relato da violência sofrida e, ao mesmo tempo, enfrentar com frequência o despreparo por parte de profissionais que, por falta de capacitação, muitas vezes reproduzem discriminações e praticam outras violências contra as mulheres nos próprios serviços que deveriam acolhê-las com seriedade e respeito.

Nessa rota fragmentada, muitas vezes perde-se a mulher que, por fatores como medo, insegurança, desinformação e/ou descrença na possibilidade de saídas, desiste da denúncia. Para superar o problema, é preciso realizar um trabalho de prevenção e acolhimento que garanta que as próprias mulheres sejam capazes de sair do ciclo de violência. É esse um dos maiores desafios da Casa. A tarefa, entretanto, é complexa e requer a integração entre diferentes órgãos e esferas de Governo e a readequação de práticas setoriais para que a mulher em situação de violência possa contar com acolhimento e todos os serviços públicos de que necessite.

Casa da Mulher Brasileira em Campo Grande/MS
(Foto: Denilson Secreta)

A Casa da Mulher Brasileira de Campo Grande, a primeira a entrar em funcionamento no País, está sob a gestão administrativa da Prefeitura Municipal, por meio da Subsecretaria de Políticas para a Mulher (Semu), órgão gestor das políticas públicas para as mulheres no âmbito local. Ao todo, a CMB/MS possui atualmente quase 250 servidores, todos ligados às administrações municipal, estadual e federal, em uma gestão compartilhada de serviços, realizada a partir do Colegiado Gestor, órgão composto por representantes dos diferentes serviços oferecidos, com diversas formações profissionais. Por meio de reuniões mensais, o Colegiado toma decisões compartilhadas sobre assuntos de interesse do serviço, de forma democrática, ética e transparente.

Fluxo e serviços

As mulheres chegam à Casa por iniciativa própria ou encaminhadas por outros serviços da rede, como a Polícia Militar, que atende chamadas pelo 190, e outros equipamentos especializados em violência contra as mulheres que atendem fora da Casa.

Ao chegar à recepção, onde é feito um cadastro com dados gerais de identificação, as mulheres são encaminhadas para o Setor de Acolhimento e Triagem. Lá, o atendimento é feito por uma psicóloga e uma assistente social, quando então a mulher é ouvida sobre o seu caso de violência e orientada sobre todos os serviços disponíveis. Em sua grande maioria, os casos são encaminhados para a Delegacia Especializada de Atendimento à Mulher (DEAM), para a realização do registro de boletim de ocorrência (BO); são também realizados encaminhamentos para orientação jurídica e para a rede externa de assistência social e saúde, entre outros.

Fluxograma do Acolhimento e Triagem em casos de violência

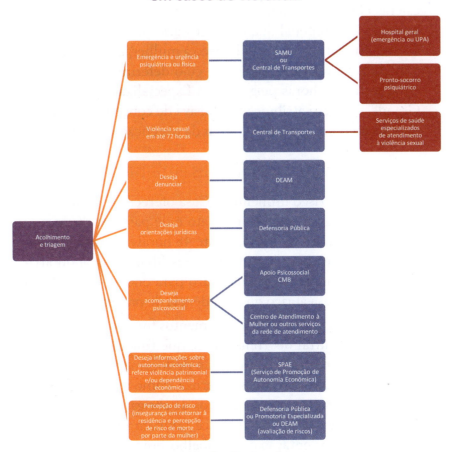

Fonte: *Diretrizes Gerais e Protocolos de Atendimento*, Governo Federal, 2015.

Esse bloco de serviços funciona durante as 24 horas. O atendimento é complementado por uma brinquedoteca, um espaço de cuidados em que a mulher pode, se for o caso, deixar os filhos de 0 a 12 anos com monitoras enquanto é atendida.

A Defensoria Pública Especializada também está na Casa para oferecer orientação e defender os direitos da vítima nas esferas cível e criminal. E a Promotoria Especializada encaminhará a ação penal quando necessário. Em qualquer etapa do atendimento, se detectado risco à mulher, pode ser pedida a medida protetiva de urgência, cujo deferimento será feito em questão de horas pela 3ª Vara Especializada em Campo Grande, que tem atribuição exclusiva de conceder e acompanhar as medidas protetivas, além da execução de penas.

Abrigamento para mulheres em situação de risco

No caso de risco iminente, a Casa oferece também a possibilidade de abrigamento imediato e de passagem (um tipo de abrigamento temporário, de até 48 horas, para aquelas em risco de morte) para a mulher e seus filhos, buscando articular em 48 horas um local seguro para onde encaminhá-la – como uma casa abrigo ou a residência de parentes e amigos.

Caso sejam necessários atendimentos fora do espaço físico da Casa, a Central de Transportes, que funciona 24 horas e hoje conta com dois veículos, faz o deslocamento das mulheres até os serviços das redes externas, como a rede de saúde, a rede socioassistencial, os serviços de abrigamento e o órgão de medicina legal. A Casa oferece também portas de saída: há serviços de orientação para trabalho, emprego e geração de renda; e as assistentes sociais e defensoras públicas auxiliarão a mulher a garantir seus direitos junto ao Poder Público, para além dos muros da Casa.

Além desses serviços, a Patrulha Maria da Penha, composta por agentes da Guarda Civil Municipal, oferece atendimento 24 horas, com dois veículos caracterizados. A PMP atua de forma articulada com a 3ª Vara de Violência Doméstica e Familiar contra a Mulher, no monitoramento das medidas protetivas de urgência, realizando visitas domiciliares às vítimas, bem como atendendo aos chamados de mulheres com medidas protetivas de urgência pela Central de Atendimento 153.

Número de atendimentos da Casa da Mulher Brasileira em Campo Grande

Desde sua inauguração, a Casa da Mulher Brasileira atende uma média de mais de 50 mulheres por dia, nos diferentes serviços integrados, apresentando atendimentos anuais conforme a tabela (período de 2015 a 2018):

Ano	Mulheres atendidas	Encaminhamentos para serviços integrados
2015 (fev a dez)	8.770	35.996
2016	13.151	72.409
2017	12.710	70.984
2018	15.604	114.445
Total	50.235	293.834

São vários os desdobramentos possíveis a partir de um registro de boletim de ocorrência, desde a solicitação e encaminhamento para o exame de corpo de delito, cumprimento de mandado de prisão ao agressor em caso de ameaça, solicitação de medidas protetivas de urgência e/ou alojamento da mulher, por constatação de risco de morte para a vítima. Nos casos em que há necessidade do exame de corpo de delito, a Central de Transporte faz a locomoção da vítima até o Instituto Médico Odontológico Legal (IMOL), acompanhada de uma técnica do setor psicossocial.

No Mato Grosso do Sul, existe uma Sala Lilás para o cumprimento da Lei n. 13.721/2018, que estabelece prioridade no IMOL para realização do exame de corpo de delito quando se trata de crime que envolva violência doméstica e familiar contra mulher ou violência contra criança, adolescente, idoso ou pessoa com deficiência.

O Serviço de Atendimento Psicossocial Continuado é composto por duas assistentes sociais e uma psicóloga, que realizam um acompanhamento mais próximo, com visitas domiciliares para identificação de situações de vulnerabilidade, risco ou para encaminhamento para grupo reflexivo.

A maior procura da Casa acontece nos finais de semana, em datas festivas como Natal, Dia das Mães e Carnaval, assim como no início do mês, após o quinto dia útil, data de pagamento de salários. Tal constatação leva a considerar questões importantes, como o uso de álcool nas festividades, a aproximação de pessoas com relações íntimas de afeto e a intensificação das emoções. Vale ressaltar que o álcool não pode jamais ser entendido como causa da violência, mas sim como um coadjuvante que potencializa os sentimentos de machismo, posse e dominação que geram a violência contra as mulheres.

Os tipos penais mais denunciados são: injúria (que se refere a casos em que há xingamentos e depreciação, que resultam em danos emocionais), lesão corporal e vias de fato, que se referem às diversas formas de violência física, resultando ou não em evidências passíveis de constatação por laudo pericial.

A grande demanda junto à Casa da Mulher Brasileira explicita que, existindo a política pública e o acolhimento humanizado, as mulheres se sentem encorajadas a buscar ajuda e a romper o ciclo de violência. A gestão compartilhada entre os diferentes parceiros que integram o Colegiado Gestor garante aprendizado e aperfeiçoamento constante em relação a diretrizes, fluxos, rotinas e protocolos de atendimento. Cada profissional que atua na Casa é responsável pela confiança que as mulheres e a comunidade do Estado de Mato Grosso do Sul depositam na Casa.

O resultado destes quatro anos é expressivamente positivo: o ganho em agilidade e o engajamento de todos os órgãos na qualificação do acolhimento são destacados por todos os profissionais envolvidos, assim como o compromisso da Prefeitura Municipal de Campo Grande em manter um serviço inovador, que favorece transformações na vida das mulheres.

As ações para o pleno atendimento na Casa da Mulher Brasileira são conjuntas. Cada instituição que integra a Casa oferece o melhor do seu conhecimento e prática para enfrentamento da violência contra as mulheres a partir da máxima de que cada mulher merece viver uma vida sem violência.

A partir dos dados de atendimento e de resolutividade, é possível dizer que o modelo de atenção da Casa da Mulher Brasileira de Campo Grande é a mais completa tradução de que, tendo acesso em um mesmo espaço físico aos diferentes serviços especializados, a partir de um atendimento humanizado, a mulher se fortalece para construir para si caminhos para uma vida sem violência.

Quando, como e onde buscar ajuda e encontrar acolhimento

Laina Crisóstomo[*]

A coisa mais importante que as mulheres que estão vivendo uma situação de violência precisam saber – e sentir – é que não estão sozinhas, pois o agressor tende a afastar a mulher da família, dos amigos, dos estudos e, em muitos casos, também do trabalho. Afinal, para manter o controle sobre a mulher, é preciso gerar nela dependência emocional e financeira. Isso vai torná-la ainda mais vulnerável a permanecer em um relacionamento abusivo.

No trabalho que realizo na organização *TamoJuntas*, oriento sempre que a mulher busque a ajuda de amigas e amigos e da família, para que essas pessoas, que muitas vezes nem imaginam o que ela está passando, saibam que ela está vivendo uma relação violenta. Isso não é fácil; é muito difícil se reconhecer em um relacionamento abusivo. Mas, para além de reconhecer, o maior desafio é admitir para as

---

[*] Advogada feminista, ativista pelos direitos humanos e contra o racismo, machismo, intolerância religiosa e LGBTfobia. Fundadora e presidente da ONG TamoJuntas, que presta assessoria multidisciplinar para mulheres em situação de violência.

pessoas ao redor que o príncipe virou sapo, tornou-se um agressor, capaz de cometer violências físicas e psicológicas, e que ele pode tirar vidas. É algo muito doloroso e complicado, por isso precisamos estar fortes e cercadas de amor, apoio e acolhimento sem julgamento.

Para tirar dúvidas e saber sobre direitos, a mulher que está sofrendo violência ou qualquer pessoa que queira ajudar pode recorrer ao Ligue 180, a Central de Atendimento à Mulher, um serviço telefônico gratuito, confidencial e de funcionamento ininterrupto, que atende também ligações de mais de 16 países. O Ligue 180 fornece orientações sobre direitos e a rede de serviços públicos disponíveis no município e também funciona como canal de denúncia. O serviço recebe, analisa e encaminha a denúncia aos órgãos estaduais da Segurança Pública e do Ministério Público. O serviço também recebe denúncias de mau atendimento, que são direcionadas à Ouvidoria para apuração.

Em uma situação de emergência, ao ligar para o número 190, da Polícia Militar, pode-se pedir o deslocamento de uma viatura e uma equipe de policiais militares para intervir na ocorrência e reprimir de imediato qualquer agressão.

No tocante à justiça, o primeiro passo em caso de violência doméstica é denunciar, ir à delegacia – de preferência uma especializada em atendimento à mulher, se houver na cidade –, sempre acompanhada de alguém em quem confie ou, quando possível, de uma advogada feminista. A *TamoJuntas* faz esse acompanhamento. Estamos sediadas em **Salvador (BA)** e temos uma rede de voluntárias que **atendem** em 23 estados.

Depois da denúncia na DEAM, se a vítima se sentir sob risco, é importante pedir a medida protetiva, que é a garantia jurídica de que o agressor deve se manter distante dela e não estabelecer mais nenhum contato. Posteriormente é preciso solucionar as pendências da área de família que são urgentes, afinal, é preciso garantir alimentos, a guarda das crianças quando há filhos menores, o divórcio ou a dissolução de união estável e também a partilha se houver bens do casal.

Sobre a *TamoJuntas*

A organização *TamoJuntas* presta assessoria multidisciplinar (jurídica, psicológica, social e pedagógica) gratuita para mulheres em situação de violência. Esse é o principal objetivo do coletivo, que surgiu em abril de 2016 no âmbito da campanha #MaisAmorEntreNos, iniciada no Facebook. Além da assessoria jurídica, a *TamoJuntas* visa ao fortalecimento das mulheres a partir do conhecimento, com divulgação de conteúdos sobre direitos da mulher através das redes sociais e em eventos.

A grande demanda pelos serviços prestados e a gravidade dos casos atendidos demonstraram a necessidade de oferecer atenção multidisciplinar. Foi assim que, a partir da adesão de novas voluntárias, a *TamoJuntas* reúne uma rede de psicólogas, assistentes sociais e advogadas que atuam nos seguintes estados: BA, SE, AL, PE, CE, RN, PI, MA, PA, AM, DF, GO, ES, SP, MG, RJ, RS, SC e PR.

O perfil das mulheres que buscam orientações e/ou são acompanhadas pela *TamoJuntas* é bastante diverso, tanto em relação à idade quanto aos níveis econômico e de escolaridade. O que percebemos em comum em todas elas é a vulnerabilidade, o sentir-se só e desamparadas.

Outros dois pontos são predominantes no perfil de nossas assistidas: a identidade racial e de orientação sexual. A maioria dos casos que acompanhamos é de mulheres negras e heterossexuais. A maioria das mulheres tem de um a dois filhos, quase sempre menores de idade. Muitas delas já foram ameaçadas pelos ex-cônjuges de que não irão mais ver seus filhos.

Em todos os casos que nos chegaram foram relatadas situações de violência psicológica e moral. A violência física está em terceiro lugar. O que ocorre muitas vezes é que mulheres em situação de violência não conseguem perceber a violência que sofrem e, por isso mesmo, não conseguem verbalizar, muito menos denunciar. Todas relataram não ter recebido bom atendimento nas DEAMs e o receio de o processo "não dar em nada". A maioria precisa de acompanhamento psicológico.

Acompanhamento do processo crime de violência contra as mulheres

A atuação do *TamoJuntas* começa no acompanhamento da mulher nas delegacias para registro do boletim de ocorrência (BO), no momento de confirmação das informações declaradas no BO e no depoimento das testemunhas, para que depois o inquérito seja encaminhado ao Ministério Público para posterior denúncia.

Quando a mulher em situação de violência registra o BO, ela pode requerer a medida protetiva de urgência (MPU), que pela lei deve ser analisada pelo juizado em até 48 horas. Em geral as mulheres não saem já com o BO na mão, somente com um protocolo, mas é importante saber que atualmente é possível pedir a MPU apenas com esse protocolo.

O que fazer diante de ameaças e agressões

Sobre a MPU, é preciso entender que se trata de uma ação cautelar com o fim específico de garantir o direito de ir e vir da mulher e tirá-la da situação de ameaça e violência, para que passe a ter uma vida sadia e tranquila de forma urgente. Nessa ação normalmente são realizadas audiências para informar a vítima sobre seus direitos e ao agressor, sobre seus deveres. E quando a MPU está próxima de vencer, em alguns casos, a mulher é chamada para verificar se há necessidade de manter a medida ou não.

As medidas protetivas variam muito. Existem medidas protetivas que determinam o afastamento do agressor por 100, 200 e até 500 metros de distância, assim como há medidas com duração de 120 dias, 180 dias, um ano e até com prazo indeterminado. Cabe ao juizado analisar a gravidade da situação e da violência para conceder a medida com a firmeza e o rigor necessários.

Em caso de descumprimento da medida protetiva, cabe prisão, conforme prevê o art. 10, parágrafo único, da Lei Maria da Penha, e a Lei n. 13.641, de 3 de abril de 2018, que alterou a Lei Maria da Penha para tipificar o crime de descumprimento de medidas protetivas de urgência, acrescentando o art. 24-A:

> Descumprir decisão judicial que defere medidas protetivas de urgência previstas nesta Lei; pena – detenção, de 3 (três) meses a 2 (dois) anos.

É preciso destacar que as ações criminais que demandam punição diante da violência têm enfrentado muitos problemas decorrentes da morosidade da Justiça, o que muitas vezes faz com que o agressor continue a agredir, a mesma ou outras mulheres, na certeza da impunidade.

Como já foi dito, há o inquérito na delegacia, construído a partir da declaração da vítima e do depoimento de testemunhas e, quando possível, de provas materiais (móveis destruídos, exames de corpo delito). O inquérito é encaminhado para o Ministério Público, responsável por fazer a denúncia. A partir disso, o rito é o mesmo de qualquer ação criminal: a vítima é ouvida em primeiro lugar, em seguida as testemunhas de acusação, depois as testemunhas de defesa e, por último, o réu. A diferença no caso de violência doméstica é a possibilidade de retirada do réu da sala de audiência enquanto a vítima e suas testemunhas falam e são arguidas, ficando na sala apenas o advogado do réu, que também poderá fazer perguntas para a vítima e as testemunhas.

Formas de violência previstas no Código Penal e na Lei Maria da Penha

Sobre as violências definidas no art. 7º da Lei Maria da Penha, estes são os possíveis tipos penais:

1. *Violência moral*: calúnia, difamação e injúria são crimes previstos, respectivamente, nos artigos 138, 139 e 140 do Código Penal e que obrigam a apresentação de queixa crime no prazo de seis meses, independentemente de a notícia crime ter sido apresentada na delegacia, conforme o art. 103 do Código Penal (CP).

2. *Violência física*: lesão corporal, grave ou seguida de morte, está prevista no art. 127 do CP, em seus parágrafos e incisos. Todavia, no caso de lesão corporal seguida de morte

da mulher, o crime enquadra-se na Lei de Feminicídio. As formas tentadas do feminicídio também poderão ser incluídas nesta violência; todavia, na maior parte dos estados do Brasil, a investigação e inquérito acontecem nas delegacias de homicídios e não na delegacia de mulheres.

3. *Violência patrimonial*: os crimes de dano e apropriação estão presentes, respectivamente, nos artigos 163 e 168 do CP. Há muitas controvérsias quanto a esse tipo de violência, afinal, as varas de violência e delegacia da mulher em geral orientam que as mulheres busquem apoio nas varas de família; todavia, essas práticas constituem crime e o agressor-criminoso deve pagar pelo crime que cometeu. Há ainda outros crimes possíveis, como furto qualificado, presente no art. 155, parágrafo 4º, II, que trata sobre o abuso de confiança, e na relação afetiva existe confiança e muitas vezes abusos como o furto de bens móveis e dinheiro, por exemplo. Essa violência precisa ser tratada de forma bastante especial, pois frequentemente é rechaçada como algo para ser discutido apenas nas varas de família, com fins de partilha de bens. Obviamente, não se trata somente disso.

4. *Violência sexual*: forçar a prática do aborto; praticar estupro; favorecer, mediar, ou induzir à prostituição para obter lucros ou satisfazer lascívia de outrem ou para fins de exploração sexual. Esses crimes estão presentes, respectivamente, nos artigos 127, 213 e 227 a 230 do CP. A nossa maior dificuldade são os casos de estupros maritais, pois as vítimas demoram a reconhecer que foram estupradas e, por isso, perdemos provas materiais do corpo de delito que contribuiriam para que o estuprador fosse punido. No caso dos outros crimes, em geral são necessárias provas testemunhais, o que também torna difícil o prosseguimento da ação criminal. Porém, é

preciso ter sempre a firme certeza de que, nos casos amparados pela Lei Maria da Penha, a voz da vítima é valiosa e deve ser ouvida de forma mais sensível.

Além dos crimes já mencionados há também o crime de exposição a moléstia venérea, que ocorre muito nas relações maritais e é crime previsto no art. 130 do CP.

Ainda sobre a violência sexual, tem sido cada vez mais recorrente o crime de "pornografia de vingança", em que o homem divulga vídeos e fotos íntimas da ex-companheira nas redes sociais. Nesses casos, os danos são incalculáveis. Desde 2018, com a entrada em vigor da Lei n. 13.718, o art. 218-C do Código Penal passou a definir como crime a divulgação, por qualquer meio, de cena de estupro, que faça apologia ao estupro ou qualquer cena de sexo ou nudez sem autorização da vítima.

5. *Violência psicológica*: instigação ao suicídio e ameaça, presentes, respectivamente, nos artigos 122, II (induzir, instigar ou auxiliar ao suicídio tem aumento de pena: II – se a vítima é menor ou tem diminuída, por qualquer causa, a capacidade de resistência) e 147 do CP. No crime de instigação ao suicídio não cabe forma tentada, ou seja, é preciso que a vítima consume o ato, ou suicidando-se ou em razão da tentativa gere lesão corporal grave, para que o agressor possa ser enquadrado no crime. No caso do crime de ameaça, trata-se de uma ação pública, só que condicionada à representação, isto é, à confirmação pela vítima de seu desejo de prosseguir com o processo, com mesmo prazo prescricional da violência moral, conforme art. 103 do CP.

É triste dizer que a Lei Maria da Penha é considerada a terceira melhor lei do mundo no combate à violência contra a mulher, embora no Brasil o nível de punição para agressores seja baixíssimo e o nível de reincidência destes na prática de violência doméstica seja sempre crescente, infelizmente, pela certeza da impunidade.

Como acessar a rede de atenção e proteção à mulher

A violência contra a mulher é um problema de saúde pública que se constrói no Brasil em uma perspectiva colonizadora e escravagista, que faz com que se contabilize todos os dias uma média de 13 mulheres assassinadas, sendo que destas 7 são mulheres negras. A multidisciplinaridade no atendimento a essa população faz-se fundamental para que haja maior eficiência e que todas as necessidades das vítimas sejam atendidas e que se sintam seguras para não só denunciar o agressor, mas também para desenhar o seu trajeto de autonomia e rompimento com o ciclo de violência.

A rede de enfrentamento à violência tem sua porta principal na Delegacia Especializada de Atendimento à Mulher (DEAM), que recebe a denúncia da violência e precisa verificar com rapidez se há necessidade de requerimento de uma medida protetiva de urgência (MPU), se é preciso encaminhar a vítima para uma casa abrigo ou casa de passagem, se será necessária a presença de força policial para que a mulher retorne à residência para pegar pertences e documentos.

Entretanto, muitas vezes, esse olhar sensível sobre a situação de violência nem sempre acontece nesse primeiro atendimento e isso pode causar danos irreversíveis.

Mulheres em situação de violência precisam de acolhida e atendimento de suas necessidades de forma imediata. Se a mulher agredida vai à DEAM, registra o BO e, simplesmente, tem que retornar ao local onde sofreu a violência, o que pode acontecer? Ser agredida de novo? Morrer? Sim, essas possibilidades são reais e o que precisa ser feito é ter MPUs expedidas de forma mais rápida e monitoradas para seu efetivo cumprimento, além de uma rápida percepção sobre a necessidade de encaminhamento das vítimas para as casas abrigos e de passagem, para garantir a integridade física da mulher e de seus filhos também.

Nas capitais, a rede de enfrentamento à violência contra a mulher em geral é composta por:

1. *Delegacia Especializada de Atendimento à Mulher*: a DEAM, como já foi dito, é a principal porta da rede, por isso deve ser acolhedora e estar atenta a todos os detalhes relacionados a esse atendimento, se não fará com que as mulheres desistam de manter a denúncia e, até mesmo, desestimulará outras que estão passando por problemas semelhantes. Sempre pedimos que a mulher não se dirija até uma DEAM sozinha, mas que esteja acompanhada por uma amiga, irmã, filha, mãe. A presença de uma advogada também faz muita diferença.

2. *Grupo especial de defesa da mulher do Ministério Público*: a atuação dos grupos especiais é fundamental para garantir a expedição da MPU de forma mais célere e a cobrança no encaminhamento dos inquéritos para as varas de justiça para que haja a denúncia e a ação criminal.

3. *Núcleo de Defesa da Mulher da Defensoria Pública*: tem ação importante no tocante ao requerimento de uma MPU, mas nem sempre atua na esfera das varas de família, o que pode posteriormente prejudicar a autonomia da mulher e gerar o retorno ao ambiente de

violência, em razão da dependência econômica e financeira, no caso de não terem sido requeridas a pensão, partilha de bens, separação e ações voltadas à esfera civil familiar da justiça.

4. *Vara ou juizado especial de violência doméstica e familiar*: as varas têm ação fundamental, todavia, as ações criminais têm sido morosas e a decisão, também demorada. Para além disso, na maior parte dos estados do Brasil, tem sido vedada a condição cível e criminal da vara de violência, o que contraria o artigo 14 da Lei Maria da Penha.

5. *Casa abrigo ou de passagem*: as casas abrigos são fundamentais, mas o reduzido número de vagas impede a realização de mais encaminhamentos para esses locais sigilosos, onde a mulher pode inclusive levar os filhos de até 12 anos. Assim, mesmo tendo uma MPU, muitas mulheres estão morrendo. Elas registram nas delegacias os descumprimentos das medidas, mas não veem nem o agressor preso nem têm a sua integridade física garantida.

6. *Ronda Maria da Penha*: trata-se de um grupo da Polícia Militar com profissionais capacitados e sensibilizados para atuar na proteção de mulheres em situação de violência que já possuem a MPU. O grande entrave da Ronda é a falta de recursos para que cada vez mais mulheres possam se sentir seguras.

7. *Centro de Referência de Atendimento a Mulheres (CRAM)*: presente em algumas cidades, dá assistência às mulheres em situação de violência e conta com equipe multidisciplinar. Também o *Centro de Referência de Assistência Social (CRAS)* e o *Centro de Referência Especializado de Assistência Social (CREAS)*, que possuem assistente social e psicólogos, garantem uma

acolhida diferenciada. O serviço social é responsável pelo acolhimento e a função principal do assistente social é entrevistar a vítima e identificar a situação e o problema em que está inserida, para poder então encaminhá-la ao setor psicológico ou jurídico, dependendo de cada caso, para assim desenvolver um trabalho interdisciplinar. Além do acolhimento da mulher, a psicologia presta apoio no decorrer dos trâmites legais, atuando, por exemplo, na elaboração de avaliações psicológicas determinadas pela justiça.

Embora a oferta de serviços especializados no atendimento a mulheres seja muito desigual nas diferentes regiões do país, nos municípios menores pode-se recorrer aos equipamentos da segurança pública (delegacias e rondas metropolitanas) e às redes de assistência social e saúde, além da Defensoria Pública. As atendentes do Ligue 180 podem informar quais são os serviços mais próximos e mais adequados a cada caso.

Outros recursos: advocacia feminista e aplicativos para denúncia e informações

A advocacia comprometida com os direitos humanos das mulheres é premissa fundamental da assistência jurídica a mulheres em situação de violência. A despeito do senso comum, a prática jurídica é uma prática política. Denominar tal prática de advocacia feminista é politizar a prática profissional e fundamentá-la dentro dos propósitos e premissas do movimento feminista. Dessa forma, a advocacia feminista assume que a desigualdade entre homens e mulheres é estruturante e que, historicamente, as mulheres são oprimidas em razão do seu gênero.

Na assistência jurídica a mulheres em situação de violência, a atuação profissional deve pautar-se fundamentalmente na escuta, empatia e sororidade, ou seja, no fortalecimento da relação entre a profissional e a vítima, sem pré-julgamentos. A advocacia feminista deve buscar não somente a punição dos agressores no âmbito da violência doméstica, mas acima de tudo o direito das mulheres a uma vida sem violência em todos os âmbitos, inclusive no estatal, que viola de forma massiva os direitos das mulheres. A advocacia feminista aponta para um cenário mais favorável às mulheres em situação de violência, que passam a contar com o conhecimento técnico-jurídico aliado ao compromisso político feminista, o que acena para uma maior efetividade dos direitos conquistados e a concretização de uma justiça de gênero.

A organização *TamoJuntas* atua em mais de 20 estados nas cinco regiões do Brasil. Nos estados em que não temos voluntárias procuramos articular parcerias feministas com o mesmo compromisso. As mulheres podem nos contatar pelas redes sociais como o Facebook <www.facebook.com/TamoJuntas> e Instagram @atamojuntas, pelo site <www.tamojuntas.org.br> e pelo e-mail <tamojuntassempre@gmail.com>.

Outras organizações da sociedade civil oferecem informações e assistência por meio de seus sites e aplicativos desenvolvidos para dar apoio a mulheres vítimas de violência:

- *Defemde* (Rede Feminista de Juristas): dá orientação jurídica gratuita por meio do atendimento *inbox* no Facebook: <https://www.facebook.com/defemde/>.
- *Juntas* (Geledés – Instituto da Mulher Negra): pelo aplicativo <https://juntas.geledes.org.br/> é possível

pedir ajuda a "protetores" previamente cadastrados, isto é, pessoas de confiança.

- *Mapa do Acolhimento* (Nossas e Agora É Que São Elas): ao acessar <https://www.mapadoacolhimento.org/> pode-se contatar uma rede de terapeutas e advogadas que atuam de forma voluntária.
- *Me Respeita!*: o aplicativo serve para relatar uma situação de assédio e também permite o cadastramento de contato para ser acionado em uma emergência.
- *Mete a Colher*: por meio do site <https://www.meteacolher.org/> e de um aplicativo, oferece orientação jurídica e assistências social e psicológica. Pelo app é possível pedir ajuda e denunciar de forma anônima.
- *PenhaS* (AzMina): canal de denúncia, o aplicativo apresenta um mapa de delegacias, mas também dá acolhimento e presta informações sobre direitos das mulheres.

TamoJuntas!

Esposa e mãe: duas versões de mulher a gerar encantamento e exigir respeito

Pe. Zezinho, scj[*]

Há cerca de onze mil anos, quando se situa a notícia dos primeiros seres humanos, dizem os sociólogos, historiadores e paleontólogos, o homem conseguia viver 33 anos e a mulher raramente passava dos 23. A mulher tinha no máximo dois filhos, porque era sumamente difícil sobreviver. A vida era extremamente precária. Não haviam descoberto a agricultura e, segundo historiadores, ainda não tinham domesticado os animais. Muito se avançou depois dessas descobertas.

Mas, ainda nos oito mil anos, historiadores como Hesíodo, em *Os trabalhos e os dias*, registram que a mulher pagava o preço maior, exatamente porque tinha filhos a quem competia criar e cuidar. E educar filhos já era tarefa difícil e desafiadora. Nunca foi fácil disciplinar uma nova vida.

---

[*] Sacerdote, teólogo, pesquisador e professor de comunicação, um dos pioneiros da música cristã, atua na evangelização há mais de cinquenta anos, com forte presença na Pastoral da Juventude, Pastoral Vocacional, Pastoral da Comunicação e na mídia católica.

Leio obras de sociólogos e historiadores e sou informado de que os casais de hoje também têm dificuldades para criar mais do que dois filhos. Não é sumamente difícil como naquele tempo, mas há padrões novos igualmente desafiadores. A competição dos nossos dias é dura. Um filho custa muito mais caro do que a maioria dos pais consegue formar até a maioridade. Acrescente-se que ultimamente, assim como no tempo dos romanos contemporâneos de Jesus, muitos pais consideram os filhos até 28 anos como adolescentes e dependentes.

As agruras do casal naquele tempo e os desgastes do casal de hoje apontam para as novas exigências da vida. As matas, desertos e as águas daquele tempo equivalem às selvas de pedra, dinheiro e sofisticadas operações financeiras de hoje, que fazem do casal um escravo das dívidas geradas pela sociedade de consumo em que vivemos.

Os predadores de onze mil anos atrás assustavam quem criava filhos; os predadores de agora assustam de maneira mais perversa quem sonha criar seu menino ou sua menina. Os monstros são quase sempre os mesmos. Chamam-se dívidas, assaltos, corrupção, tóxicos, traficantes, mídia, sequestro, desvios de conduta e fanatismo político e religioso.

Livros como: *Civilização*, de Niall Ferguson; *A história do século XX*, de Martin Gilbert; *Paideia*, de Werner Jaeger; *Dinâmicas da história do mundo*, de Christopher Dawson; *A homossexualidade na Grécia Antiga*, de K. J. Dover; *O mundo assombrado pelos demônios*, de Carl Sagan; *Breve história do futuro*, de Jacques Attali; *A grande transformação*, de Karen Armstrong; o *Lexicon do Pontifício Conselho para a Família*; *História da vida privada I e II*, de Philippe Ariès e Georges

Duby; *A civilização feudal*, de Jérôme Baschet; *Compêndio do Vaticano II*; todos estes e dezenas de outros livros jogam uma luz sobre o catequista católico que deseja refletir sobre o papel reservado para a mulher em todos os tempos.

Mas o papel das mulheres foi penosamente conquistado e reconquistado ao longo da História. E ainda estamos longe de vê-las satisfeitas. A discriminação contra a mulher continua. A narrativa geral é que ela veio depois e continua personagem secundária na História dos povos. Nos livros citados e em muitas obras de História Geral fala-se mais dos homens do que das mulheres. Em grossos volumes, às vezes não há sequer um capítulo dedicado às mulheres de determinado século. Assim como os historiadores do passado falavam mais sobre o jovem do que deixavam o jovem falar, percebe-se também a lacuna sobre o que as pristinas gerações de mulheres pensavam. Sempre foram pouco citadas.

Mulher: amiga, companheira e cuidadora

Quando se fala da relação entre homem e mulher, fala-se sobre o mistério da sexualidade, do amor e do respeito entre masculino e feminino, sobre educação para a sexualidade, sobre o celibato e a sacralidade do desejo milenar de procriar e de homem e mulher viverem como se fossem uma só carne, em dois e a dois, ambos dependendo um do outro e ambos contribuindo com seus valores para o bem dos filhos e da sociedade.

Não havendo unidade de corpo e alma, o vaso chamado matrimônio se trinca ou se estilhaça e raramente se repara porque, em geral, um dos dois não coopera para essa restauração. O orgulho de um deles, ou de ambos, não ajuda nenhum casal.

Os estudiosos da Bíblia apontam, já no Gênesis, para as duas versões do papel do homem e o da mulher.

> Deus criou o ser humano à sua imagem, à imagem de Deus o criou. Homem e mulher ele os criou (Gênesis 1,27).
> Então o Senhor Deus fez vir sobre o homem um profundo sono, e ele adormeceu. Tirou-lhe uma das costelas e fechou o lugar com carne. Depois, da costela tirada do homem, o Senhor Deus formou a mulher e apresentou-a ao homem. E o homem exclamou: "Desta vez sim, é osso dos meus ossos e carne da minha carne! Ela será chamada 'humana' porque do homem foi tirada". O homem e sua mulher estavam nus, mas não se envergonhavam (Gênesis 2,21-23.25).

O autor começa dizendo que Deus os criou juntos (*homem e mulher ele os criou*); em seguida, Adão vem primeiro, mas o autor afirma que a mulher tinha direitos iguais, porque era osso dos seus ossos e carne da sua carne. No final do trecho sentencia que nenhum dos dois deveria sentir vergonha de ser homem ou mulher. Olhavam-se sem censura e malícia. A malícia veio depois quando Adão acusou Eva de tê-lo levado ao pecado.

> O homem respondeu: "A mulher que me deste por companheira, foi ela que me fez provar do fruto da árvore, e eu comi" (Gênesis 3,12).

O simbolismo é muito claro: o homem culpa a mulher por tê-lo seduzido. Embora em outras passagens da Bíblia o homem seja condenado por seduzir, raptar e/ou estuprar a mulher, a pecha continuou culpando a mulher como a sedutora, aquela que leva o homem ao pecado.

No Novo Testamento, o episódio de Jesus e a mulher adúltera ainda hoje é lembrado como o da mulher que adulterou, enquanto o homem que se deitou com ela não é chamado de adúltero. Ele nem sequer é conduzido para ser apedrejado. Mas Jesus contesta este comportamento e liberta a mulher de ser apedrejada por homens que certamente não eram anjos de pureza. Tanto assim que, um por um, foram embora diante do desafio de Jesus.

> Como insistissem em perguntar, Jesus ergueu-se e disse: "Quem dentre vós não tiver pecado, atire a primeira pedra!" (João 8,7).

Jesus aproveitou para evangelizar a mulher e recomendou: "Não faça mais isso!".

Identidade e diferenças sexuais têm sido a cruz da mulher, quando deveriam ser seu apanágio, já que é a mulher que gesta o que ambos geraram. E por muitos anos o colo e os seios da mulher nutrem aquela vida.

Se no Gênesis a mulher seria a companheira que daria suporte para o homem "ao nascer da sua costela", em Jesus o homem é o suporte da mulher enquanto ela exerce o seu papel de mãe que amamenta e passa mais tempo do que o homem alimentando e cuidando desta nova vida. Mas o homem será encantado e respeitoso com a companheira (Efésios 5,33), auxiliando de bom grado a mulher que cuida dele e do fruto de ambos.

O encantamento é mútuo, mas a maior cuidadora é a mulher, com todos os dons da feminilidade. Seu corpo foi criado para gestar e cuidar. E a mulher sabe disso. É assim como quase tudo no reino animal: enquanto cabe à fêmea cuidar, ou o macho vai embora porque apenas a engravidou, ou fica porque quer cuidar desta nova vida junto dela.

Todos os dias vemos nas manchetes de jornais e TV: marido ou amante mata a mulher porque ele se sente dono e proprietário dela, fruto de conquista. É bem menor o relato de mulheres que matam seus maridos. Como o velho Adão, o homem irado culpa a mulher pelo fracasso do casamento. A Bíblia está plena desses relatos.

Seguindo o exemplo de Jesus: toda mulher deve ser tratada com respeito

Há onze mil anos quem dominava era o homem. Agora, em muitas sociedades as mulheres reivindicam seus direitos de ser humano feminino. Ainda levaremos muitos anos, talvez séculos, para que imitemos Jesus no seu trato com as mulheres. Poucos profetas trataram as mulheres como Jesus as tratou: com respeito. Elas faziam parte da sua comitiva.

O papel que os católicos reservaram para Maria é consequência da nossa cristologia. Poderia haver Jesus sem Maria de Nazaré? Talvez Deus escolhesse outra donzela de outro povoado! As únicas pessoas divinas na Bíblia, segundo nós, cristãos, é a Santíssima Trindade: Pai, Filho e Espírito Santo. E somos contestados por isso ao dizermos que Jesus era o Filho Eterno.

Deus poderia ter escolhido outra mulher, já que Maria não é deusa. Mas o fato é que a escolhida foi Maria, que exerceu com serenidade o seu papel de mãe e esposa, enquanto Jesus crescia em graça e sabedoria diante do Pai e diante do povo de Nazaré.

> O anjo, então, disse: "Não tenhas medo, Maria! Encontraste graça junto a Deus" (Lc 1,30).
>
> O menino foi crescendo, ficando forte e cheio de sabedoria. A graça de Deus estava com ele (Lucas 2,40).

Para um cristão católico Maria veio por primeiro neste mundo até Jesus nascer. A revelação não lhe tira o papel de futura mãe. Ela continua educadora enquanto o filho crescia. A autoridade era dela e de José. Mais tarde, ela apoia o filho adulto e vai com ele até a cruz, entendendo que o filho tornou-se o protagonista. Dali por diante, ela silencia.

Na pedagogia e na filosofia da mulher cristã, *maternidade é uma coisa, feminilidade faz parte da mulher, mas o feminismo é ainda outra coisa.* As definições são conflitantes. Maria, para nós, não foi uma feminista aguerrida militante. Mas se engana quem esquece a descrição desta mulher que, segundo os evangelistas, ousa questionar o anjo sobre a sua missão, ousa mandar em Jesus no templo, é companheira de José e compreende as dúvidas do seu esposo, leva seu filho a atender o casal de amigos que festejavam a alegria da sua união.

> Sua mãe disse aos que estavam servindo: "Fazei tudo o que ele vos disser!" (João 2,5).

Maria agia! Era mulher consciente e serena, mas nunca ocupou o lugar do seu filho, nem naquele tempo nem agora.

Maria veio antes porque gerou um filho, que é mais do que um filho comum. Ela também não foi mulher comum porque foi excepcional. Mas, na ordem da fé, Maria vem depois porque entendeu a extensão e o alcance da sua maternidade.

Não há maternidade sem riscos; não há paternidade sem responsabilidade e sem companheirismo; e não há feminilidade sem questionamentos. Desde o princípio a História procura uma definição de "mulher". Ela certamente é muito mais do que um corpo desenhado para gerar filhos para reis, príncipes e donos de um povo. Ela é muito mais do que a mulher que casou para dar um filho para o seu homem.

Não é um ventre subalterno. É um ventre *consciente*. É mais ou menos o que as mulheres de agora estão dizendo nas entrevistas de rádio, jornal, revistas, televisão e congressos: "Tenho corpo feminino, tenho vísceras, tenho ventre, tenho seios e tenho colo e tenho inteligência e sentimentos de mulher. E quem quiser me chamar de esposa saiba com quem deseja dividir e partilhar casa, mesa, sofá e leito e berço. Não queremos ser apenas analisadas. Queremos ser ouvidas e repercutidas. Mulher e mãe e esposa e executiva têm o que dizer".

Parece óbvio? Pois não é! Nossas mães e avós tiveram de conquistar o lugar que era delas por direito. E as mulheres de hoje estão lutando por seu lugar, algumas com métodos iguais aos dos homens violentos, outras com a sua argúcia de mulheres que criaram e criam filhos e os educam para a vida. E os homens que conheceram e casaram com tais mulheres sabem que não se trata de competição. É sempre uma parceria entre ambos! Se não é, deve ser!

Encerro este artigo com a mensagem da música *Mulher é muito mais*, de autoria de Irmã Verônica Firmino, fsp, em parceria com Adelso Freire, que de forma delicada e firme reforça este apelo por mais respeito às mulheres.

Assista ao videoclipe, disponível no Youtube: <https://youtu.be/IYPYcIfxsok>. E se souber de qualquer tipo de violência contra a mulher, denuncie, Ligue 180.

Mulher é muito mais

Amor não combina com violência
Bem-querer não rima com poder
Gostar não dá direito de dominar
Desejar não rima com obrigar

Prazer não rima com agressão
Coração não rima com imposição
Filhos de Deus, somos todos livres
Ninguém tem o direito de bater

Agredir, oprimir e maltratar
Ninguém é posse de ninguém
Mulher não é somente um corpo
Tem alma, mente e coração

Ponha a mão na sua consciência
Pense um pouco, se fosse com você?
Pode ser sua irmã ou sua filha
Todos têm direito ao respeito
Ninguém é dono de ninguém
Não se pode forçar o amor

Chega de violência e opressão
Ameaças e intimidações
O orgulho fere e o ciúme mata
Não adianta depois se arrepender
Desculpas não trazem de volta a vida
Nem apagam as feridas deixadas na alma

Mulher rima com ternura
Amor rima com respeito
Mulher rima com a vida
Com o direito de ser feliz
De amar e ser amada!

Sou filha, irmã, eu sou esposa, amiga, mãe que gera vida
Sou humana, sou ternura, fortaleza, sou beleza
Pois Deus me fez, pois Deus me quis assim
Sou sua imagem e semelhança
Sou sua imagem e semelhança

Ir. Verônica Firmino, fsp, e Adelso Freire
(Paulinas-COMEP, 2019).

Biografias

Apresentação

Maria da Penha Maia Fernandes

Farmacêutica bioquímica, foi vítima em 1983 de uma dupla tentativa de feminicídio cometida por seu então marido, com quem tinha três filhas, com sete, quatro e dois anos incompletos. O caso Maria da Penha é emblemático da violência doméstica vivida pelas mulheres em todo o Brasil e também um exemplo de luta contra a impunidade. Durante quase vinte anos, Maria da Penha buscou a justiça, tornando-se um símbolo do direito de toda mulher a uma vida sem violência e dando nome à Lei n. 11.340, sancionada em 2006, que cria mecanismos para prevenir e punir a violência doméstica e familiar contra a mulher. Autora do livro *Sobrevivi... posso contar* e fundadora do Instituto Maria da Penha (acesse o site http://www.institutomariadapenha.org.br para saber mais sobre ela e o processo de construção da Lei Maria da Penha), dá palestras e entrevistas em que fala sobre a sua experiência e alerta sobre o problema da violência doméstica e familiar contra a mulher. Recebe homenagens por todo o Brasil, levando seu exemplo de luta por igualdade e justiça

Textos

Carla Charbel Stephanini

Advogada, especialista em Gênero e Políticas Públicas. Atualmente é subsecretária de Políticas para a Mulher em Campo Grande/MS e gestora administrativa da Casa da Mulher Brasileira/MS. Deputada federal em janeiro de 2019, enquanto vereadora (2013 a 2016) foi a proponente da criação da Procuradoria Especial da Mulher na Câmara Municipal de Campo Grande. Foi coordenadora especial de Políticas Públicas para as Mulheres de Mato Grosso do Sul (2007 a 2010), subsecretária de Políticas Públicas para as Mulheres e Promoção da Cidadania do Governo do Estado de MS (2011 a 2012) e presidente do Conselho Municipal dos Direitos da Mulher (2017 e 2019).

Pe. Cleiton Viana da Silva

Padre na Diocese de Mogi das Cruzes/SP, é mestre em Bioética (Centro Universitário São Camilo/SP), mestre e doutor em Teologia Moral (Academia Alfonsiana, Roma/Itália), leciona na Faculdade Paulo VI em Mogi das Cruzes/SP e assessora a Sub-região Pastoral SP2 na Animação Bíblico-Catequética. É autor de *Coração inquieto: zaps a Lucílio, Tibúrcio e Eugênia* (2018) e *Confessar. O quê? Por quê? Como?* (2019), publicados por Paulinas Editora. Também tem um canal no YouTube (*Parábola Explicada*) e escreve no blog <padrecleitonsilva.blogspot.com.br>.

Denice Santiago Santos do Rosário

Negra, mãe de João Paulo, componente da primeira turma de mulheres da Polícia Militar do Estado da Bahia (como sargento e oficial) e hoje major da PMBA. Mestre em Desenvolvimento Territorial e Gestão Social pela Universidade Federal da Bahia, pós-graduada em Gestão em Direitos Humanos pela Universidade do Estado da Bahia, graduada em Psicologia pela Faculdade da Cidade e graduada em Segurança Pública pela Academia de Polícia Militar/UNEB. Idealizadora e comandante da Ronda Maria da Penha na PMBA; idealizadora e fundadora do Centro Maria Felipa – Núcleo de Gênero da PMBA, único no país; vencedora do Diploma Mulher Cidadã Bertha Lutz 2017, concedido pelo Senado Federal; vencedora do Prêmio Claudia 2017 na categoria Políticas Públicas.

Flávia Dias

Vice-presidente da ONG *Não me Kahlo*, coidealizadora e atuante nos projetos *Todas por Todas* (RJ) e *Erva Mulher* (SP). Jornalista, mestra em mediações socioculturais pela Universidade Federal do Rio de Janeiro (UFRJ), facilitadora de grupos multiculturais e pesquisadora de estudos feministas e cultura urbana. Acredita na informação e na música como motores da transformação social e do empoderamento das mulheres.

Guilherme Nascimento Valadares

Fundador do portal *PapodeHomem*, no qual atua como diretor de pesquisa e conteúdo. É professor de equilíbrio emocional, certificado pelo Santa Barbara Institute for Consciousness. Viaja o Brasil conduzindo *workshops* e palestras sobre masculinidades em escolas, fábricas, universidades e empresas. Produtor do documentário *Precisamos falar com os homens?* (na íntegra no YouTube: https://youtu.be/jyKxmACaS5Q). É membro do Comitê #ElesporElas da ONU Mulheres.

Helena Bertho

Chefe de redação da Revista *AzMina*. Formada em Comunicação Social pela Universidade de São Paulo (USP) e com pós-graduação pela Fundação Armando Álvares Penteado (FAAP), tem dez anos de carreira no jornalismo focado para mulher, passando por veículos como a revista *Sou Mais Eu*, *M de Mulher*, *Universa* do portal UOL, e *AzMina*, da qual participou da criação em 2015. Especializada em coberturas ligadas à violência contra a mulher e direitos sexuais e reprodutivos, acredita que a comunicação tem papel fundamental no combate ao machismo e à desigualdade.

Laina Crisóstomo

Advogada feminista, feminista interseccional, lésbica, candomblecista, ativista pelos direitos humanos, militando contra o racismo, o machismo, a intolerância religiosa e a LGBTfobia. Fundadora e presidenta da ONG *TamoJuntas*, que presta assessoria multidisciplinar para mulheres em situação de violência em 23 estados do Brasil. Especialista em Gênero e Raça, pós-graduada em Violência Urbana e Insegurança desde um enfoque de gênero, e mestranda em Ciências Criminais. Integrante da Rede Nacional de Ciberativistas Negras, foi escolhida em 2016 como Mulher Inspiradora pela ONG *Think Olga*; em 2017 entrou para a lista *Under 30* da revista *Forbes Brasil*; e em 2018 fez parte da lista "365 dias de consciência negra", do site *The Intercept*, pelo trabalho social que desenvolve com mulheres em situação de violência.

Luanna Tomaz de Souza

Professora da Faculdade de Direito e do Programa de Pós-Graduação em Direito da Universidade Federal do Pará (UFPA). Pós-doutora em Direito (PUC-Rio) e doutora em Direito (Universidade de Coimbra), atualmente é coordenadora do Grupo de Estudos e Pesquisas em Direito Penal e Democracia, do Núcleo de Estudos Interdisciplinares da Violência na Amazônia e da Clínica de Atenção à Violência (CAV) da UFPA.

Marisa Chaves de Souza

Assistente social, especialista em Políticas Públicas, mestre em Serviço Social pela Universidade Federal do Rio de Janeiro (UFRJ). É professora do curso de especialização de Enfrentamento à Violência contra a Criança e Adolescente da PUC-RJ e atualmente é coordenadora do Centro de Referência para Mulheres Suely Souza de Almeida (NEPP-DH/CFCH/UFRJ). Sócia-fundadora do Movimento de Mulheres em São Gonçalo, foi subsecretária de Estado de Políticas para Mulheres do Rio de Janeiro, presidente do Conselho Estadual de Direitos da Mulher do Rio de Janeiro, ex-conselheira estadual de Segurança Pública do Rio de Janeiro e membro da Comissão de Segurança da Mulher do RJ.

Marisa Sanematsu

Jornalista, webeditora, pesquisadora e coordenadora de projetos de comunicação e gênero. Associada-fundadora do Instituto Patrícia Galvão, onde é diretora de conteúdo, editora da Agência Patrícia Galvão e do Portal Compromisso e Atitude pela Lei Maria da Penha. Com mestrado pela Escola de Comunicação e Artes da Universidade de São Paulo (ECA/USP), realizou projetos de monitoramento e análise da cobertura da imprensa sobre temas da agenda de direitos das mulheres e coordenou o desenvolvimento e análise de pesquisas de percepção sobre violência contra as mulheres, participação feminina na política, desigualdade de gênero e raça/etnia e direitos sexuais e reprodutivos.

Nilvya Cidade de Souza

Graduanda em Direito pela Universidade Federal do Pará (UFPA), é bolsista de extensão na Clínica de Atenção à Violência (CAV/UFPA) e integrante do Grupo de Estudos e Pesquisas Direito Penal e Democracia e do Núcleo de Estudos Interdisciplinares da Violência na Amazônia (NEIVA) da UFPA.

Rosana Leite Antunes de Barros

Defensora pública estadual, coordenadora da Comissão Nacional de Promoção de Defesa dos Direitos da Mulher do Colégio Nacional de Defensores Públicos-Gerais (CONDEGE), coordenadora do Núcleo de Defesa da Mulher da Defensoria do Estado de Mato Grosso, vice-presidente da Associação Mato-Grossense dos Defensores e Defensoras Públicas, conselheira e ex-presidente do Conselho Estadual dos Direitos da

Mulher do Estado de Mato Grosso. Também é palestrante e articulista do jornal *A Gazeta* (MT) e do site *Feminino e Além*, de Salvador/BA, sobre direitos humanos das mulheres.

Sérgio Flávio Barbosa

Professor universitário de Filosofia e Sociologia. Coordenador de projetos sobre violência masculina, masculinidades e sexualidade masculina, presta assessoria e consultoria à implementação de políticas públicas para a erradicação da violência masculina contra a mulher. Fundou os projetos de prevenção da violência masculina contra mulheres implementados no ABC Paulista e em São Paulo. Participa da Rede Brasil de Masculinidades. Cofundador da Campanha do Laço Branco – Homens Pelo Fim da Violência Contra a Mulher. Foi integrante do Grupo de Estudos sobre Sexualidade Masculina e Paternidade (GESMAP). Gestor técnico do Projeto Tempo de Despertar no Ministério Público de São Paulo – Ressocialização de homens autores de violência contra a mulher pela Lei Maria da Penha, é coordenador do Projeto Acorda João – Conscientização e Responsabilização para Homens Autores de Violência Contra a Mulher em Empresas e do Projeto Ponto Final – Projeto de Prevenção e Ressocialização de Homens que cometeram violência contra a mulher em transportes coletivos.

Silvia Chakian

Promotora de Justiça do Ministério Público do Estado de São Paulo desde 1999. Bacharel e mestre em Direito Penal pela Pontifícia Universidade Católica de São Paulo (PUC-SP). É professora da Escola Superior do Ministério Público e secretária executiva da Promotoria de Enfrentamento à Violência Doméstica do Ministério Público. Membro da Comissão Permanente de

Violência Doméstica do Grupo Nacional de Direitos Humanos do Ministério Público desde 2012, foi coordenadora do Grupo de Enfrentamento à Violência Doméstica do Ministério Público de 2012 a 2017. É autora da obra *A construção dos direitos das mulheres: histórico, limites e diretrizes para uma proteção penal eficiente* (Lumen Juris, 2019), além de artigos e projetos sobre temas relacionados à violência e discriminação contra a mulher.

Tai Loschi

Professora de Educação Física, assistente social, especialista em Gênero e Políticas Públicas. Desde agosto de 2016 atua como representante federal de articulação da Casa da Mulher Brasileira de Campo Grande/MS. Foi coordenadora de Políticas para a Mulher de Campo Grande (2007 a 2011), coordenadora de Políticas Públicas para as Mulheres de Mato Grosso do Sul (2011 a 2012) e subsecretária de Políticas Públicas para as Mulheres e Promoção da Cidadania de Mato Grosso do Sul (2012 a 2014). Foi presidente do Conselho Municipal dos Direitos da Mulher de Campo Grande (2005 a 2006) e do Conselho Estadual de Direitos da Mulher de Mato Grosso do Sul (2012).

Pe. Zezinho, scj

Sacerdote, teólogo, professor de Comunicação, escritor, compositor, radialista, produtor e diretor de televisão, colunista de jornal, conferencista, orientador de jovens cristãos, teórico e pesquisador de Comunicação Religiosa. Desde o início de sua carreira adotou o teatro e a música como meios de evangelização. É considerado um dos pioneiros e maiores nomes da música cristã com forte presença na Pastoral da Juventude, na Pastoral Vocacional e na Pastoral da Comunicação e na mídia católica.

Ilustrações

Helena Cortez

Mineira de Belo Horizonte, artista plástica, ilustradora, mãe de dois filhos e, sobretudo, mulher. Para ilustrar este livro usou aquarela, pincel e uma vontade ancestral de abraçar esse mundo inteiro e tornar as relações mais harmoniosas e amorosas. Sonha e acredita que as mulheres podem fazer o quê, onde e como quiserem. E que o mundo é de todos nós.